ARABISCH
WORTSCHATZ

FÜR DAS SELBSTSTUDIUM

DEUTSCH
ARABISCH

Die nützlichsten Wörter
Zur Erweiterung Ihres Wortschatzes und
Verbesserung der Sprachfertigkeit

5000 Wörter

Wortschatz Deutsch-Arabisch für das Selbststudium - 5000 Wörter
Von Andrey Taranov

T&P Books Vokabelbücher sind dafür vorgesehen, beim Lernen einer Fremdsprache zu helfen, Wörter zu memorieren und zu wiederholen. Das Wörterbuch ist nach Themen aufgeteilt und deckt alle wichtigen Bereiche des täglichen Lebens, Berufs, Wissenschaft, Kultur etc. ab.

Durch das Benutzen der themenbezogenen T&P Books ergeben sich folgende Vorteile für den Lernprozess:

- Sachgemäß geordnete Informationen bestimmen den späteren Erfolg auf den darauffolgenden Stufen der Memorisierung
- Die Verfügbarkeit von Wörtern, die sich aus der gleichen Wurzel ableiten lassen, erlaubt die Memorisierung von Worteinheiten (mehr als bei einzeln stehenden Wörtern)
- Kleine Worteinheiten unterstützen den Aufbauprozess von assoziativen Verbindungen für die Festigung des Wortschatzes
- Die Kenntnis der Sprache kann aufgrund der Anzahl der gelernten Wörter eingeschätzt werden

Copyright © 2018 T&P Books Publishing

Alle Rechte vorbehalten. Auszüge dieses Buches dürfen nicht ohne schriftliche Erlaubnis des Herausgebers abgedruckt oder mit anderen elektronischen oder mechanischen Mitteln, einschließlich Photokopierung, Aufzeichnung oder durch Informationsspeicherung- und Rückgewinnungssysteme, oder in irgendeiner anderen Form verwendet werden.

T&P Books Publishing
www.tpbooks.com

ISBN: 978-1-78716-763-6

Dieses Buch ist auch im E-Book Format erhältlich.
Besuchen Sie uns auch auf www.tpbooks.com oder auf einer der bedeutenden Buchhandlungen online.

WORTSCHATZ DEUTSCH-ARABISCH
für das Selbststudium

Die Vokabelbücher von T&P Books sind dafür vorgesehen, Ihnen beim Lernen einer Fremdsprache zu helfen, Wörter zu memorieren und zu wiederholen. Der Wortschatz enthält über 5000 häufig gebrauchte, thematisch geordnete Wörter.

- Der Wortschatz enthält die am häufigsten benutzten Wörter
- Eignet sich als Ergänzung zu jedem Sprachkurs
- Erfüllt die Bedürfnisse von Anfängern und fortgeschrittenen Lernenden von Fremdsprachen
- Praktisch für den täglichen Gebrauch, zur Wiederholung und um sich selbst zu testen
- Ermöglicht es, Ihren Wortschatz einzuschätzen

Besondere Merkmale des Wortschatzes:

- Wörter sind entsprechend ihrer Bedeutung und nicht alphabetisch organisiert
- Wörter werden in drei Spalten präsentiert, um das Wiederholen und den Selbstüberprüfungsprozess zu erleichtern
- Wortgruppen werden in kleinere Einheiten aufgespalten, um den Lernprozess zu fördern
- Der Wortschatz bietet eine praktische und einfache Lautschrift jedes Wortes der Fremdsprache

Der Wortschatz hat 155 Themen, einschließlich:

Grundbegriffe, Zahlen, Farben, Monate, Jahreszeiten, Maßeinheiten, Kleidung und Accessoires, Essen und Ernährung, Restaurant, Familienangehörige, Verwandte, Charaktereigenschaften, Empfindungen, Gefühle, Krankheiten, Großstadt, Kleinstadt, Sehenswürdigkeiten, Einkaufen, Geld, Haus, Zuhause, Büro, Import & Export, Marketing, Arbeitssuche, Sport, Ausbildung, Computer, Internet, Werkzeug, Natur, Länder, Nationalitäten und vieles mehr...

INHALT

Leitfaden für die Aussprache	9
Abkürzungen	10

GRUNDBEGRIFFE	11
Grundbegriffe. Teil 1	11
1. Pronomen	11
2. Grüße. Begrüßungen. Verabschiedungen	11
3. Jemanden ansprechen	12
4. Grundzahlen. Teil 1	12
5. Grundzahlen. Teil 2	13
6. Ordnungszahlen	14
7. Zahlen. Brüche	14
8. Zahlen. Grundrechenarten	14
9. Zahlen. Verschiedenes	14
10. Die wichtigsten Verben. Teil 1	15
11. Die wichtigsten Verben. Teil 2	16
12. Die wichtigsten Verben. Teil 3	17
13. Die wichtigsten Verben. Teil 4	18
14. Farben	18
15. Fragen	19
16. Präpositionen	20
17. Funktionswörter. Adverbien. Teil 1	20
18. Funktionswörter. Adverbien. Teil 2	22

Grundbegriffe. Teil 2	23
19. Wochentage	23
20. Stunden. Tag und Nacht	23
21. Monate. Jahreszeiten	24
22. Maßeinheiten	26
23. Behälter	26

DER MENSCH	28
Der Mensch. Körper	28
24. Kopf	28
25. Menschlicher Körper	29

Kleidung & Accessoires	30
26. Oberbekleidung. Mäntel	30
27. Men's & women's clothing	30

28. Kleidung. Unterwäsche	31
29. Kopfbekleidung	31
30. Schuhwerk	31
31. Persönliche Accessoires	32
32. Kleidung. Verschiedenes	32
33. Kosmetikartikel. Kosmetik	33
34. Armbanduhren Uhren	34

Essen. Ernährung	**35**
35. Essen	35
36. Getränke	36
37. Gemüse	37
38. Obst. Nüsse	38
39. Brot. Süßigkeiten	39
40. Gerichte	39
41. Gewürze	40
42. Mahlzeiten	41
43. Gedeck	41
44. Restaurant	42

Familie, Verwandte und Freunde	**43**
45. Persönliche Informationen. Formulare	43
46. Familienmitglieder. Verwandte	43

Medizin	**45**
47. Krankheiten	45
48. Symptome. Behandlungen. Teil 1	46
49. Symptome. Behandlungen. Teil 2	47
50. Symptome. Behandlungen. Teil 3	48
51. Ärzte	49
52. Medizin. Medikamente. Accessoires	49

LEBENSRAUM DES MENSCHEN	**51**
Stadt	**51**
53. Stadt. Leben in der Stadt	51
54. Innerstädtische Einrichtungen	52
55. Schilder	53
56. Innerstädtischer Transport	54
57. Sehenswürdigkeiten	55
58. Shopping	56
59. Geld	57
60. Post. Postdienst	58

Wohnung. Haus. Zuhause	**59**
61. Haus. Elektrizität	59

62.	Villa. Schloss	59
63.	Wohnung	59
64.	Möbel. Innenausstattung	60
65.	Bettwäsche	61
66.	Küche	61
67.	Bad	62
68.	Haushaltsgeräte	63

AKTIVITÄTEN DES MENSCHEN 64
Beruf. Geschäft. Teil 1 64

69.	Büro. Arbeiten im Büro	64
70.	Geschäftsabläufe. Teil 1	65
71.	Geschäftsabläufe. Teil 2	66
72.	Fertigung. Arbeiten	67
73.	Vertrag. Zustimmung	68
74.	Import & Export	69
75.	Finanzen	69
76.	Marketing	70
77.	Werbung	70
78.	Bankgeschäft	71
79.	Telefon. Telefongespräche	72
80.	Mobiltelefon	73
81.	Bürobedarf	73
82.	Geschäftsarten	73

Arbeit. Geschäft. Teil 2 76

83.	Show. Ausstellung	76
84.	Wissenschaft. Forschung. Wissenschaftler	77

Berufe und Tätigkeiten 78

85.	Arbeitsuche. Kündigung	78
86.	Geschäftsleute	78
87.	Dienstleistungsberufe	79
88.	Militärdienst und Ränge	80
89.	Beamte. Priester	81
90.	Landwirtschaftliche Berufe	81
91.	Künstler	82
92.	Verschiedene Berufe	82
93.	Beschäftigung. Sozialstatus	84

Ausbildung 85

94.	Schule	85
95.	Hochschule. Universität	86
96.	Naturwissenschaften. Fächer	87
97.	Schrift Rechtschreibung	87
98.	Fremdsprachen	88

Erholung. Unterhaltung. Reisen	90
99. Ausflug. Reisen	90
100. Hotel	90

TECHNISCHES ZUBEHÖR. TRANSPORT	92
Technisches Zubehör	92
101. Computer	92
102. Internet. E-Mail	93
103. Elektrizität	94
104. Werkzeug	94

Transport	97
105. Flugzeug	97
106. Zug	98
107. Schiff	99
108. Flughafen	100

Lebensereignisse	102
109. Feiertage. Ereignis	102
110. Bestattungen. Begräbnis	103
111. Krieg. Soldaten	103
112. Krieg. Militärische Aktionen. Teil 1	104
113. Krieg. Militärische Aktionen. Teil 2	106
114. Waffen	107
115. Menschen der Antike	109
116. Mittelalter	109
117. Führungspersonen. Chef. Behörden	111
118. Gesetzesverstoß Verbrecher. Teil 1	112
119. Gesetzesbruch. Verbrecher. Teil 2	113
120. Polizei Recht. Teil 1	114
121. Polizei. Recht. Teil 2	115

NATUR	117
Die Erde. Teil 1	117
122. Weltall	117
123. Die Erde	118
124. Himmelsrichtungen	119
125. Meer. Ozean	119
126. Namen der Meere und Ozeane	120
127. Berge	121
128. Namen der Berge	122
129. Flüsse	122
130. Namen der Flüsse	123
131. Wald	123
132. natürliche Lebensgrundlagen	124

Die Erde. Teil 2 126

133. Wetter 126
134. Unwetter Naturkatastrophen 127

Fauna 128

135. Säugetiere. Raubtiere 128
136. Tiere in freier Wildbahn 128
137. Haustiere 129
138. Vögel 130
139. Fische. Meerestiere 132
140. Amphibien Reptilien 132
141. Insekten 133

Flora 134

142. Bäume 134
143. Büsche 134
144. Obst. Beeren 135
145. Blumen. Pflanzen 136
146. Getreide, Körner 137

LÄNDER. NATIONALITÄTEN 138

147. Westeuropa 138
148. Mittel- und Osteuropa 138
149. Frühere UdSSR Republiken 139
150. Asien 139
151. Nordamerika 140
152. Mittel- und Südamerika 140
153. Afrika 141
154. Australien. Ozeanien 141
155. Städte 141

LEITFADEN FÜR DIE AUSSPRACHE

T&P phonetisches Alphabet	Arabisch Beispiel	Deutsch Beispiel
[a]	[ṭaffa] طفَى	schwarz
[ā]	[ixtār] إحتار	Zahlwort
[e]	[hamburger] هامبورجر	Pferde
[i]	[zifāf] زفاف	ihr, finden
[ī]	[abrīl] أبريل	Wieviel
[u]	[kalkutta] كلكتا	kurz
[ū]	[ʒāmūs] جاموس	über
[b]	[bidāya] بداية	Brille
[d]	[saʿāda] سعادة	Detektiv
[ḍ]	[waḍʿ] وضع	pharyngalisiert [d]
[ʒ]	[arʒantīn] الأرجنتين	Regisseur
[ð]	[tiðkār] تذكار	Motherboard
[z]	[zahar] ظهر	pharyngalisiert [z]
[f]	[xafīf] خفيف	fünf
[g]	[gūlf] جولف	gelb
[h]	[ittiʒāh] إتجاه	brauchbar
[ḥ]	[aḥabb] أحبَ	pharyngalisiert [h]
[y]	[ðahabiy] ذهبيَ	Jacke
[k]	[kursiy] كرسيَ	Kalender
[l]	[lamaḥ] لمح	Juli
[m]	[marṣad] مرصد	Mitte
[n]	[ʒanūb] جنوب	Vorhang
[p]	[kaputʃīnu] كابتشينو	Polizei
[q]	[waθiq] وثق	Kobra
[r]	[rūḥ] روح	richtig
[s]	[suxriyya] سخرية	sein
[ṣ]	[miʿṣam] معصم	pharyngalisiert [s]
[ʃ]	[ʿaʃāʾ] عشاء	Chance
[t]	[tannūb] تنّوب	still
[ṭ]	[xarīṭa] خريطة	pharyngalisiert [t]
[θ]	[mamūθ] ماموث	stimmloser th-Laut
[v]	[vitnām] فيتنام	November
[w]	[waddaʿ] ودّع	schwanger
[x]	[baxīl] بخيل	billig
[ɣ]	[taɣadda] تغدى	Vogel (Berlinerisch)
[z]	[māʿiz] ماعز	sein
[ʿ] (ayn)	[sabʿa] سبعة	stimmhafte pharyngale Frikativ
[ʾ] (hamza)	[saʾal] سأل	Glottischlag

ABKÜRZUNGEN
die im Vokabular verwendet werden

Arabisch. Abkürzungen

du	- Plural-Nomen-(doppelt)
f	- Femininum
m	- Maskulinum
pl	- Plural

Deutsch. Abkürzungen

Adj	- Adjektiv
Adv	- Adverb
Amtsspr.	- Amtssprache
f	- Femininum
f, n	- Femininum, Neutrum
Fem.	- Femininum
m	- Maskulinum
m, f	- Maskulinum, Femininum
m, n	- Maskulinum, Neutrum
Mask.	- Maskulinum
n	- Neutrum
pl	- Plural
Sg.	- Singular
ugs.	- umgangssprachlich
unzähl.	- unzählbar
usw.	- und so weiter
v mod	- Modalverb
vi	- intransitives Verb
vi, vt	- intransitives, transitives Verb
vt	- transitives Verb
zähl.	- zählbar
z.B.	- zum Beispiel

GRUNDBEGRIFFE

Grundbegriffe. Teil 1

1. Pronomen

ich	ana	أنا
du (Mask.)	anta	أنت
du (Fem.)	anti	أنت
er	huwa	هو
sie	hiya	هي
wir	naḥnu	نحن
ihr	antum	أنتم
sie	hum	هم

2. Grüße. Begrüßungen. Verabschiedungen

Hallo! (Amtsspr.)	as salāmu 'alaykum!	السلام عليكم!
Guten Morgen!	ṣabāḥ al xayr!	صباح الخير!
Guten Tag!	nahārak sa'īd!	نهارك سعيد!
Guten Abend!	masā' al xayr!	مساء الخير!
grüßen (vi, vt)	sallam	سلّم
Hallo! (ugs.)	salām!	سلام!
Gruß (m)	salām (m)	سلام
begrüßen (vt)	sallam 'ala	سلّم على
Wie geht's?	kayfa ḥāluka?	كيف حالك؟
Was gibt es Neues?	ma axbārak?	ما أخبارك؟
Auf Wiedersehen!	ma' as salāma!	مع السلامة!
Bis bald!	ilal liqā'!	إلى اللقاء!
Lebe wohl! Leben Sie wohl!	ma' as salāma!	مع السلامة!
sich verabschieden	wadda'	ودّع
Tschüs!	bay bay!	باي باي!
Danke!	ʃukran!	شكرًا!
Dankeschön!	ʃukran ʒazīlan!	شكرًا جزيلًا!
Bitte (Antwort)	'afwan	عفوا
Keine Ursache.	la ʃukr 'ala wāʒib	لا شكر على واجب
Nichts zu danken.	al 'afw	العفو
Entschuldige!	'an iðnak!	عن أذنك!
Entschuldigung!	'afwan!	عفوًا!
entschuldigen (vt)	'aðar	عذر
sich entschuldigen	i'taðar	إعتذر
Verzeihung!	ana 'āsif	أنا آسف

Es tut mir leid!	la tu'āxiðni!	لا تؤاخذني!
verzeihen (vt)	'afa	عفا
bitte (Die Rechnung, ~!)	min faḍlak	من فضلك

Nicht vergessen!	la tansa!	لا تنس!
Natürlich!	ṭab'an!	طبعاً!
Natürlich nicht!	abadan!	أبداً!
Gut! Okay!	ittafaqna!	إتفقنا!
Es ist genug!	kifāya!	كفاية!

3. Jemanden ansprechen

Herr	ya sayyid	يا سيّد
Frau	ya sayyida	يا سيدة
Frau (Fräulein)	ya 'ānisa	يا آنسة
Junger Mann	ya ustāð	يا أستاذ
Junge	ya bni	يا بني
Mädchen	ya binti	يا بنتي

4. Grundzahlen. Teil 1

null	ṣifr	صفر
eins	wāḥid	واحد
eine	wāḥida	واحدة
zwei	iθnān	إثنان
drei	θalāθa	ثلاثة
vier	arba'a	أربعة

fünf	xamsa	خمسة
sechs	sitta	ستّة
sieben	sab'a	سبعة
acht	θamāniya	ثمانية
neun	tis'a	تسعة

zehn	'aʃara	عشرة
elf	aḥad 'aʃar	أحد عشر
zwölf	iθnā 'aʃar	إثنا عشر
dreizehn	θalāθat 'aʃar	ثلاثة عشر
vierzehn	arba'at 'aʃar	أربعة عشر

fünfzehn	xamsat 'aʃar	خمسة عشر
sechzehn	sittat 'aʃar	ستّة عشر
siebzehn	sab'at 'aʃar	سبعة عشر
achtzehn	θamāniyat 'aʃar	ثمانية عشر
neunzehn	tis'at 'aʃar	تسعة عشر

zwanzig	'iʃrūn	عشرون
einundzwanzig	wāḥid wa 'iʃrūn	واحد وعشرون
zweiundzwanzig	iθnān wa 'iʃrūn	إثنان وعشرون
dreiundzwanzig	θalāθa wa 'iʃrūn	ثلاثة وعشرون
dreißig	θalāθīn	ثلاثون
einunddreißig	wāḥid wa θalāθūn	واحد وثلاثون

zweiunddreißig	iθnān wa θalāθūn	إثنان وثلاثون
dreiunddreißig	θalāθa wa θalāθūn	ثلاثة وثلاثون
vierzig	arbaʿūn	أربعون
einundvierzig	wāḥid wa arbaʿūn	واحد وأربعون
zweiundvierzig	iθnān wa arbaʿūn	إثنان وأربعون
dreiundvierzig	θalāθa wa arbaʿūn	ثلاثة وأربعون
fünfzig	χamsūn	خمسون
einundfünfzig	wāḥid wa χamsūn	واحد وخمسون
zweiundfünfzig	iθnān wa χamsūn	إثنان وخمسون
dreiundfünfzig	θalāθa wa χamsūn	ثلاثة وخمسون
sechzig	sittūn	ستّون
einundsechzig	wāḥid wa sittūn	واحد وستّون
zweiundsechzig	iθnān wa sittūn	إثنان وستّون
dreiundsechzig	θalāθa wa sittūn	ثلاثة وستّون
siebzig	sabʿūn	سبعون
einundsiebzig	wāḥid wa sabʿūn	واحد وسبعون
zweiundsiebzig	iθnān wa sabʿūn	إثنان وسبعون
dreiundsiebzig	θalāθa wa sabʿūn	ثلاثة وسبعون
achtzig	θamānūn	ثمانون
einundachtzig	wāḥid wa θamānūn	واحد وثمانون
zweiundachtzig	iθnān wa θamānūn	إثنان وثمانون
dreiundachtzig	θalāθa wa θamānūn	ثلاثة وثمانون
neunzig	tisʿūn	تسعون
einundneunzig	wāḥid wa tisʿūn	واحد وتسعون
zweiundneunzig	iθnān wa tisʿūn	إثنان وتسعون
dreiundneunzig	θalāθa wa tisʿūn	ثلاثة وتسعون

5. Grundzahlen. Teil 2

einhundert	miʾa	مائة
zweihundert	miʾatān	مائتان
dreihundert	θalāθumiʾa	ثلاثمائة
vierhundert	rubʿumiʾa	أربعمائة
fünfhundert	χamsumiʾa	خمسمائة
sechshundert	sittumiʾa	ستّمائة
siebenhundert	sabʿumiʾa	سبعمائة
achthundert	θamānimiʾa	ثمانمائة
neunhundert	tisʿumiʾa	تسعمائة
eintausend	alf	ألف
zweitausend	alfān	ألفان
dreitausend	θalāθat ʾālāf	ثلاثة آلاف
zehntausend	ʿaʃarat ʾālāf	عشرة آلاف
hunderttausend	miʾat alf	مائة ألف
Million (f)	milyūn (m)	مليون
Milliarde (f)	milyār (m)	مليار

6. Ordnungszahlen

der erste	awwal	أوّل
der zweite	θāni	ثان
der dritte	θāliθ	ثالث
der vierte	rābi'	رابع
der fünfte	χāmis	خامس
der sechste	sādis	سادس
der siebte	sābi'	سابع
der achte	θāmin	ثامن
der neunte	tāsi'	تاسع
der zehnte	'āʃir	عاشر

7. Zahlen. Brüche

Bruch (m)	kasr (m)	كسر
Hälfte (f)	niṣf	نصف
Drittel (n)	θulθ	ثلث
Viertel (n)	rub'	ربع
Achtel (m, n)	θumn	ثمن
Zehntel (n)	'uʃr	عشر
zwei Drittel	θulθān	ثلثان
drei Viertel	talātit arbā'	ثلاثة أرباع

8. Zahlen. Grundrechenarten

Subtraktion (f)	ṭarḥ (m)	طرح
subtrahieren (vt)	ṭaraḥ	طرح
Division (f)	qisma (f)	قسمة
dividieren (vt)	qasam	قسم
Addition (f)	ʒam' (m)	جمع
addieren (vt)	ʒama'	جمع
hinzufügen (vt)	ʒama'	جمع
Multiplikation (f)	ḍarb (m)	ضرب
multiplizieren (vt)	ḍarab	ضرب

9. Zahlen. Verschiedenes

Ziffer (f)	raqm (m)	رقم
Zahl (f)	'adad (m)	عدد
Zahlwort (n)	ism al 'adad (m)	إسم العدد
Minus (n)	nāqiṣ (m)	ناقص
Plus (n)	zā'id (m)	زائد
Formel (f)	ṣīɣa (f)	صيغة
Berechnung (f)	ḥisāb (m)	حساب
zählen (vt)	'add	عدّ

berechnen (vt)	ḥasab	حسب
vergleichen (vt)	qāran	قارن

Wie viel, -e?	kam?	كم؟
Summe (f)	maʒmūʿ (m)	مجموع
Ergebnis (n)	natīʒa (f)	نتيجة
Rest (m)	al bāqi (m)	الباقي

einige (~ Tage)	ʿiddat	عدّة
wenig (Adv)	qalīl	قليل
Übrige (n)	al bāqi (m)	الباقي
anderthalb	wāḥid wa niṣf (m)	واحد ونصف
Dutzend (n)	iʕnā ʿaʃar (f)	إثنا عشر

entzwei (Adv)	ila ʃaṭrayn	إلى شطرين
zu gleichen Teilen	bit tasāwi	بالتساوى
Hälfte (f)	niṣf (m)	نصف
Mal (n)	marra (f)	مرّة

10. Die wichtigsten Verben. Teil 1

abbiegen (nach links ~)	inʿaṭaf	إنعطف
abschicken (vt)	arsal	أرسل
ändern (vt)	ɣayyar	غيّر
andeuten (vt)	aʿṭa talmīḥ	أعطى تلميحًا
Angst haben	χāf	خاف

ankommen (vi)	waṣal	وصل
antworten (vi)	aʒāb	أجاب
arbeiten (vi)	ʿamal	عمل
auf ... zählen	iʿtamad ʿala ...	إعتمد على...
aufbewahren (vt)	ḥafaẓ	حفظ

aufschreiben (vt)	katab	كتب
ausgehen (vi)	χaraʒ	خرج
aussprechen (vt)	naṭaq	نطق
bedauern (vt)	nadim	ندم
bedeuten (vt)	ʿana	عنى
beenden (vt)	atamm	أتمّ

befehlen (Milit.)	amar	أمر
befreien (Stadt usw.)	ḥarrar	حرّر
beginnen (vt)	badaʾ	بدأ
bemerken (vt)	lāḥaẓ	لاحظ
beobachten (vt)	rāqab	راقب

berühren (vt)	lamas	لمس
besitzen (vt)	malak	ملك
besprechen (vt)	nāqaʃ	ناقش
bestehen auf	aṣarr	أصرّ
bestellen (im Restaurant)	ṭalab	طلب

bestrafen (vt)	ʿāqab	عاقب
beten (vi)	ṣalla	صلّى

bitten (vt)	ṭalab	طلب
brechen (vt)	kasar	كسر
denken (vi, vt)	ẓann	ظنّ
drohen (vi)	haddad	هدّد
Durst haben	arād an yaʃrab	أراد أن يشرب
einladen (vt)	daʿa	دعا
einstellen (vt)	tawaqqaf	توقّف
einwenden (vt)	iʿtaraḍ	إعترض
empfehlen (vt)	naṣaḥ	نصح
erklären (vt)	ʃaraḥ	شرح
erlauben (vt)	raxxaṣ	رخّص
ermorden (vt)	qatal	قتل
erwähnen (vt)	ðakar	ذكر
existieren (vi)	kān mawʒūd	كان موجوداً

11. Die wichtigsten Verben. Teil 2

fallen (vi)	saqaṭ	سقط
fallen lassen	awqaʿ	أوقع
fangen (vt)	amsak	أمسك
finden (vt)	waʒad	وجد
fliegen (vi)	ṭār	طار
folgen (Folge mir!)	tabaʿ	تبع
fortsetzen (vt)	istamarr	إستمرّ
fragen (vt)	saʾal	سأل
frühstücken (vi)	afṭar	أفطر
geben (vt)	aʿṭa	أعطى
gefallen (vi)	aʿʒab	أعجب
gehen (zu Fuß gehen)	maʃa	مشى
gehören (vi)	xaṣṣ	خصّ
graben (vt)	ḥafar	حفر
haben (vt)	malak	ملك
helfen (vi)	sāʿad	ساعد
herabsteigen (vi)	nazil	نزل
hereinkommen (vi)	daxal	دخل
hoffen (vi)	tamanna	تمنّى
hören (vt)	samiʿ	سمع
hungrig sein	arād an yaʾkul	أراد أن يأكل
informieren (vt)	axbar	أخبر
jagen (vi)	iṣṭād	إصطاد
kennen (vt)	ʿaraf	عرف
klagen (vi)	ʃaka	شكا
können (v mod)	istaṭāʿ	إستطاع
kontrollieren (vt)	taḥakkam	تحكّم
kosten (vt)	kallaf	كلّف
kränken (vt)	ahān	أهان
lächeln (vi)	ibtasam	إبتسم

lachen (vi)	ḍaḥik	ضحك
laufen (vi)	ʒara	جرى
leiten (Betrieb usw.)	adār	أدار
lernen (vt)	daras	درس
lesen (vi, vt)	qara'	قرأ
lieben (vt)	aḥabb	أحبّ
machen (vt)	'amal	عمل
mieten (Haus usw.)	ista'ʒar	إستأجر
nehmen (vt)	aχað	أخذ
noch einmal sagen	karrar	كرّر
nötig sein	kān maṭlūb	كان مطلوبا
öffnen (vt)	fataḥ	فتح

12. Die wichtigsten Verben. Teil 3

planen (vt)	χaṭṭaṭ	خطّط
prahlen (vi)	tabāha	تباهى
raten (vt)	naṣaḥ	نصح
rechnen (vt)	'add	عدّ
reservieren (vt)	ḥaʒaz	حجز
retten (vt)	anqað	أنقذ
richtig raten (vt)	χamman	خمّن
rufen (um Hilfe ~)	istaγāθ	إستغاث
sagen (vt)	qāl	قال
schaffen (Etwas Neues zu ~)	χalaq	خلق
schelten (vt)	wabbaχ	وبّخ
schießen (vi)	aṭlaq an nār	أطلق النار
schmücken (vt)	zayyan	زيّن
schreiben (vi, vt)	katab	كتب
schreien (vi)	ṣaraχ	صرخ
schweigen (vi)	sakat	سكت
schwimmen (vi)	sabaḥ	سبح
schwimmen gehen	sabaḥ	سبح
sehen (vi, vt)	ra'a	رأى
sein (vi)	kān	كان
sich beeilen	ista'ʒal	إستعجل
sich entschuldigen	i'tað̣ar	إعتذر
sich interessieren	ihtamm	إهتمّ
sich irren	aχta'	أخطأ
sich setzen	ʒalas	جلس
sich weigern	rafaḍ	رفض
spielen (vi, vt)	la'ib	لعب
sprechen (vi)	takallam	تكلّم
staunen (vi)	indahaʃ	إندهش
stehlen (vt)	saraq	سرق
stoppen (vt)	waqaf	وقف
suchen (vt)	baḥaθ	بحث

13. Die wichtigsten Verben. Teil 4

täuschen (vt)	xada'	خدع
teilnehmen (vi)	iʃtarak	إشترك
übersetzen (Buch usw.)	tarʒam	ترجم
unterschätzen (vt)	istaxaff	إستخف
unterschreiben (vt)	waqqa'	وقع
vereinigen (vt)	waḥḥad	وحّد
vergessen (vt)	nasiy	نسي
vergleichen (vt)	qāran	قارن
verkaufen (vt)	bā'	باع
verlangen (vt)	ṭālib	طالب
versäumen (vt)	ɣāb	غاب
versprechen (vt)	wa'ad	وعد
verstecken (vt)	xaba'	خبأ
verstehen (vt)	fahim	فهم
versuchen (vt)	ḥāwal	حاول
verteidigen (vt)	dāfa'	دافع
vertrauen (vi)	waθiq	وثق
verwechseln (vt)	ixtalaṭ	إختلط
verzeihen (vt)	'afa	عفا
voraussehen (vt)	tanabba'	تنبّأ
vorschlagen (vt)	iqtaraḥ	إقترح
vorziehen (vt)	faḍḍal	فضّل
wählen (vt)	ixtār	إختار
warnen (vt)	ḥaððar	حذّر
warten (vi)	intaẓar	إنتظر
weinen (vi)	baka	بكى
wissen (vt)	'araf	عرف
Witz machen	mazaḥ	مزح
wollen (vt)	arād	أراد
zahlen (vt)	dafa'	دفع
zeigen (jemandem etwas)	'araḍ	عرض
zu Abend essen	ta'aʃʃa	تعشّى
zu Mittag essen	taɣadda	تغدّى
zubereiten (vt)	ḥaḍḍar	حضّر
zustimmen (vi)	ittafaq	إتفق
zweifeln (vi)	ʃakk fi	شكّ في

14. Farben

Farbe (f)	lawn (m)	لون
Schattierung (f)	daraʒat al lawn (m)	درجة اللون
Farbton (m)	ṣabɣit lūn (f)	لون
Regenbogen (m)	qaws quzaḥ (m)	قوس قزح
weiß	abyaḍ	أبيض
schwarz	aswad	أسود

grau	ramādiy	رَمادِيّ
grün	axḍar	أخضر
gelb	aṣfar	أصفر
rot	aḥmar	أحمر
blau	azraq	أزرق
hellblau	azraq fātiḥ	أزرق فاتح
rosa	wardiy	وَردِيّ
orange	burtuqāliy	بُرتقالِيّ
violett	banafsaʒiy	بنفسجِيّ
braun	bunniy	بُنِّيّ
golden	ðahabiy	ذَهبِيّ
silbrig	fiḍḍiy	فضّي
beige	bɛ:ʒ	بيج
cremefarben	ʿāʒiy	عاجِيّ
türkis	fayrūziy	فيروزِيّ
kirschrot	karaziy	كَرزِيّ
lila	laylakiy	لِيلكِيّ
himbeerrot	qirmiziy	قرمزِيّ
hell	fātiḥ	فاتح
dunkel	ɣāmiq	غامق
grell	zāhi	زاه
Farb- (z.B. -stifte)	mulawwan	مُلوَّن
Farb- (z.B. -film)	mulawwan	مُلوَّن
schwarz-weiß	abyaḍ wa aswad	أبيض وأسود
einfarbig	waḥīd al lawn, sāda	وحيد اللون, سادة
bunt	mutaʿaddid al alwān	مُتعدِّد الألوان

15. Fragen

Wer?	man?	مَن؟
Was?	māða?	ماذا؟
Wo?	ayna?	أين؟
Wohin?	ila ayna?	إلى أين؟
Woher?	min ayna?	مِن أين؟
Wann?	mata?	متى؟
Wozu?	li māða?	لِماذا؟
Warum?	li māða?	لِماذا؟
Wofür?	li māða?	لِماذا؟
Wie?	kayfa?	كيف؟
Welcher?	ay?	أي؟
Wem?	li man?	لِمَن؟
Über wen?	ʿamman?	عَمَّن؟
Wovon? (~ sprichst du?)	ʿamma?	عَمَّا؟
Mit wem?	maʿ man?	مع مَن؟
Wie viel? Wie viele?	kam?	كَم؟
Wessen?	li man?	لِمَن؟

16. Präpositionen

mit (Frau ~ Katzen)	ma'	مع
ohne (~ Dich)	bi dūn	بدون
nach (~ London)	ila	إلى
über (~ Geschäfte sprechen)	'an	عن
vor (z.B. ~ acht Uhr)	qabl	قبل
vor (z.B. ~ dem Haus)	amām	أمام
unter (~ dem Schirm)	taḥt	تحت
über (~ dem Meeresspiegel)	fawq	فوق
auf (~ dem Tisch)	'ala	على
aus (z.B. ~ München)	min	من
aus (z.B. ~ Porzellan)	min	من
in (~ zwei Tagen)	ba'd	بعد
über (~ zaun)	'abr	عبر

17. Funktionswörter. Adverbien. Teil 1

Wo?	ayna?	أين؟
hier	huna	هنا
dort	hunāk	هناك
irgendwo	fi makānin ma	في مكان ما
nirgends	la fi ay makān	لا في أي مكان
an (bei)	bi ʒānib	بجانب
am Fenster	bi ʒānib aʃ ʃubbāk	بجانب الشبّاك
Wohin?	ila ayna?	إلى أين؟
hierher	huna	هنا
dahin	hunāk	هناك
von hier	min huna	من هنا
von da	min hunāk	من هناك
nah (Adv)	qarīban	قريبًا
weit, fern (Adv)	ba'īdan	بعيدًا
in der Nähe von ...	'ind	عند
in der Nähe	qarīban	قريبًا
unweit (~ unseres Hotels)	ɣayr ba'īd	غير بعيد
link (Adj)	al yasār	اليسار
links (Adv)	'alaʃ ʃimāl	على الشمال
nach links	ilaʃ ʃimāl	إلى الشمال
recht (Adj)	al yamīn	اليمين
rechts (Adv)	'alal yamīn	على اليمين
nach rechts	llal yamīn	إلى اليمين
vorne (Adv)	min al amām	من الأمام
Vorder-	amāmiy	أماميّ

vorwärts	ilal amām	إلى الأمام
hinten (Adv)	warā'	وراء
von hinten	min al warā'	من الوراء
rückwärts (Adv)	ilal warā'	إلى الوراء
Mitte (f)	wasaṭ (m)	وسط
in der Mitte	fil wasaṭ	في الوسط
seitlich (Adv)	bi ǧānib	بجانب
überall (Adv)	fi kull makān	في كل مكان
ringsherum (Adv)	ḥawl	حول
von innen (Adv)	min ad dāxil	من الداخل
irgendwohin (Adv)	ila ayy makān	إلى أيّ مكان
geradeaus (Adv)	bi aqṣar ṭarīq	بأقصر طريق
zurück (Adv)	īyāban	إياباً
irgendwoher (Adv)	min ayy makān	من أي مكان
von irgendwo (Adv)	min makānin ma	من مكان ما
erstens	awwalan	أوّلاً
zweitens	θāniyan	ثانياً
drittens	θāliθan	ثالثاً
plötzlich (Adv)	faǧ'a	فجأة
zuerst (Adv)	fil bidāya	في البداية
zum ersten Mal	li 'awwal marra	لأوّل مرّة
lange vor…	qabl … bi mudda ṭawīla	قبل...بمدّة طويلة
von Anfang an	min ǧadīd	من جديد
für immer	ilal abad	إلى الأبد
nie (Adv)	abadan	أبداً
wieder (Adv)	min ǧadīd	من جديد
jetzt (Adv)	al 'ān	الآن
oft (Adv)	kaθīran	كثيراً
damals (Adv)	fi ðalika al waqt	في ذلك الوقت
dringend (Adv)	'āǧilan	عاجلاً
gewöhnlich (Adv)	kal 'āda	كالعادة
übrigens, …	'ala fikra …	على فكرة...
möglicherweise (Adv)	min al mumkin	من الممكن
wahrscheinlich (Adv)	la'alla	لعلّ
vielleicht (Adv)	min al mumkin	من الممكن
außerdem …	bil iḍāfa ila ðalik …	بالإضافة إلى...
deshalb …	li ðalik	لذلك
trotz …	bir raɣm min …	بالرغم من...
dank …	bi faḍl …	بفضل...
was (~ ist denn?)	allaði	الذي
das (~ ist alles)	anna	أنّ
etwas	ʃay' (m)	شيء
irgendwas	ʃay' (m)	شيء
nichts	la ʃay'	لا شيء
wer (~ ist ~?)	allaði	الذي
jemand	aḥad	أحد

irgendwer	aḥad	أحد
niemand	la aḥad	لا أحد
nirgends	la ila ay makān	لا إلى أي مكان
niemandes (~ Eigentum)	la yaχuṣṣ aḥad	لا يخص أحداً
jemandes	li aḥad	لأحد
so (derart)	hakaða	هكذا
auch	kaðalika	كذلك
ebenfalls	ayḍan	أيضاً

18. Funktionswörter. Adverbien. Teil 2

Warum?	li māða?	لماذا؟
aus irgendeinem Grund	li sababin ma	لسبب ما
weil ...	li'anna ...	لأنّ...
zu irgendeinem Zweck	li amr mā	لأمر ما
und	wa	و
oder	aw	أو
aber	lakin	لكن
für (präp)	li	لـ
zu (~ viele)	kaθīran ʒiddan	كثير جداً
nur (~ einmal)	faqaṭ	فقط
genau (Adv)	biḍ ḍabṭ	بالضبط
etwa	nahw	نحو
ungefähr (Adv)	taqrīban	تقريباً
ungefähr (Adj)	taqrībiy	تقريبي
fast	taqrīban	تقريباً
Übrige (n)	al bāqi (m)	الباقي
jeder (~ Mann)	kull	كلّ
beliebig (Adj)	ayy	أيّ
viel	kaθīr	كثير
viele Menschen	kaθīr min an nās	كثير من الناس
alle (wir ~)	kull an nās	كل الناس
im Austausch gegen ...	muqābil ...	مقابل...
dafür (Adv)	muqābil	مقابل
mit der Hand (Hand-)	bil yad	باليد
schwerlich (Adv)	hayhāt	هيهات
wahrscheinlich (Adv)	la'alla	لعلّ
absichtlich (Adv)	qaṣdan	قصدا
zufällig (Adv)	ṣudfa	صدفة
sehr (Adv)	ʒiddan	جداً
zum Beispiel	maθalan	مثلاً
zwischen	bayn	بين
unter (Wir sind ~ Mördern)	bayn	بين
so viele (~ Ideen)	haðihi al kammiyya	هذه الكمية
besonders (Adv)	χāṣṣa	خاصّة

Grundbegriffe. Teil 2

19. Wochentage

Montag (m)	yawm al iθnayn (m)	يوم الإثنين
Dienstag (m)	yawm aθ θulāθā' (m)	يوم الثلاثاء
Mittwoch (m)	yawm al arbi'ā' (m)	يوم الأربعاء
Donnerstag (m)	yawm al xamīs (m)	يوم الخميس
Freitag (m)	yawm al ʒum'a (m)	يوم الجمعة
Samstag (m)	yawm as sabt (m)	يوم السبت
Sonntag (m)	yawm al aḥad (m)	يوم الأحد
heute	al yawm	اليوم
morgen	ɣadan	غداً
übermorgen	ba'd ɣad	بعد غد
gestern	ams	أمس
vorgestern	awwal ams	أوّل أمس
Tag (m)	yawm (m)	يوم
Arbeitstag (m)	yawm 'amal (m)	يوم عمل
Feiertag (m)	yawm al 'uṭla ar rasmiyya (m)	يوم العطلة الرسمية
freier Tag (m)	yawm 'uṭla (m)	يوم عطلة
Wochenende (n)	ayyām al 'uṭla (pl)	أيام العطلة
den ganzen Tag	ṭūl al yawm	طول اليوم
am nächsten Tag	fil yawm at tāli	في اليوم التالي
zwei Tage vorher	min yawmayn	قبل يومين
am Vortag	fil yawm as sābiq	في اليوم السابق
täglich (Adj)	yawmiy	يومي
täglich (Adv)	yawmiyyan	يوميا
Woche (f)	usbū' (m)	أسبوع
letzte Woche	fil isbū' al māḍi	في الأسبوع الماضي
nächste Woche	fil isbū' al qādim	في الأسبوع القادم
wöchentlich (Adj)	usbū'iy	أسبوعي
wöchentlich (Adv)	usbū'iyyan	أسبوعيا
zweimal pro Woche	marratayn fil usbū'	مرّتين في الأسبوع
jeden Dienstag	kull yawm aθ θulaθā'	كل يوم الثلاثاء

20. Stunden. Tag und Nacht

Morgen (m)	ṣabāḥ (m)	صباح
morgens	fiṣ ṣabāḥ	في الصباح
Mittag (m)	ẓuhr (m)	ظهر
nachmittags	ba'd aẓ ẓuhr	بعد الظهر
Abend (m)	masā' (m)	مساء
abends	fil masā'	في المساء

Deutsch	Arabisch (Transliteration)	Arabisch
Nacht (f)	layl (m)	ليل
nachts	bil layl	بالليل
Mitternacht (f)	muntaṣif al layl (m)	منتصف الليل
Sekunde (f)	θāniya (f)	ثانية
Minute (f)	daqīqa (f)	دقيقة
Stunde (f)	sā'a (f)	ساعة
eine halbe Stunde	niṣf sā'a (m)	نصف ساعة
Viertelstunde (f)	rub' sā'a (f)	ربع ساعة
fünfzehn Minuten	χamsat 'aʃar daqīqa	خمس عشرة دقيقة
Tag und Nacht	yawm kāmil (m)	يوم كامل
Sonnenaufgang (m)	ʃurūq aʃʃams (m)	شروق الشمس
Morgendämmerung (f)	faʒr (m)	فجر
früher Morgen (m)	ṣabāḥ bākir (m)	صباح باكر
Sonnenuntergang (m)	ɣurūb aʃʃams (m)	غروب الشمس
früh am Morgen	fiṣ ṣabāḥ al bākir	في الصباح الباكر
heute Morgen	al yawm fiṣ ṣabāḥ	اليوم في الصباح
morgen früh	ɣadan fiṣ ṣabāḥ	غدًا في الصباح
heute Mittag	al yawm ba'd aẓ ẓuhr	اليوم بعد الظهر
nachmittags	ba'd aẓ ẓuhr	بعد الظهر
morgen Nachmittag	ɣadan ba'd aẓ ẓuhr	غدًا بعد الظهر
heute Abend	al yawm fil masā'	اليوم في المساء
morgen Abend	ɣadan fil masā'	غدًا في المساء
Punkt drei Uhr	fiṣ sā'a aθ θāliθa tamāman	في الساعة الثالثة تماما
gegen vier Uhr	fiṣ sā'a ar rābi'a taqrīban	في الساعة الرابعة تقريبا
um zwölf Uhr	ḥattaṣ sā'a aθ θāniya 'aʃara	حتى الساعة الثانية عشرة
in zwanzig Minuten	ba'd 'iʃrīn daqīqa	بعد عشرين دقيقة
in einer Stunde	ba'd sā'a	بعد ساعة
rechtzeitig (Adv)	fi maw'idih	في موعده
Viertel vor ...	illa rub'	إلا ربع
innerhalb einer Stunde	ṭiwāl sā'a	طوال الساعة
alle fünfzehn Minuten	kull rub' sā'a	كل ربع ساعة
Tag und Nacht	layl nahār	ليل نهار

21. Monate. Jahreszeiten

Deutsch	Arabisch (Transliteration)	Arabisch
Januar (m)	yanāyir (m)	يناير
Februar (m)	fibrāyir (m)	فبراير
März (m)	māris (m)	مارس
April (m)	abrīl (m)	أبريل
Mai (m)	māyu (m)	مايو
Juni (m)	yūnyu (m)	يونيو
Juli (m)	yūlyu (m)	يوليو
August (m)	aɣusṭus (m)	أغسطس
September (m)	sibtambar (m)	سبتمبر
Oktober (m)	uktūbir (m)	أكتوبر
November (m)	nuvimbar (m)	نوفمبر

Dezember (m)	disimbar (m)	ديسمبر
Frühling (m)	rabīʻ (m)	ربيع
im Frühling	fir rabīʻ	في الربيع
Frühlings-	rabīʻiy	ربيعي
Sommer (m)	ṣayf (m)	صيف
im Sommer	fiṣ ṣayf	في الصيف
Sommer-	ṣayfiy	صيفي
Herbst (m)	xarīf (m)	خريف
im Herbst	fil xarīf	في الخريف
Herbst-	xarīfiy	خريفي
Winter (m)	ʃitāʼ (m)	شتاء
im Winter	fiʃ ʃitāʼ	في الشتاء
Winter-	ʃitawiy	شتويَ
Monat (m)	ʃahr (m)	شهر
in diesem Monat	fi haða aʃ ʃahr	في هذا الشهر
nächsten Monat	fiʃ ʃahr al qādim	في الشهر القادم
letzten Monat	fiʃ ʃahr al māḍi	في الشهر الماضي
vor einem Monat	qabl ʃahr	قبل شهر
über eine Monat	baʻd ʃahr	بعد شهر
in zwei Monaten	baʻd ʃahrayn	بعد شهرين
den ganzen Monat	ʃahr kāmil	شهر كامل
monatlich (Adj)	ʃahriy	شهريَ
monatlich (Adv)	kull ʃahr	كل شهر
jeden Monat	kull ʃahr	كل شهر
zweimal pro Monat	marratayn fiʃ ʃahr	مرّتين في الشهر
Jahr (n)	sana (f)	سنة
dieses Jahr	fi haðihi as sana	في هذه السنة
nächstes Jahr	fis sana al qādima	في السنة القادمة
voriges Jahr	fis sana al māḍiya	في السنة الماضية
vor einem Jahr	qabla sana	قبل سنة
in einem Jahr	baʻd sana	بعد سنة
in zwei Jahren	baʻd sanatayn	بعد سنتين
das ganze Jahr	sana kāmila	سنة كاملة
jedes Jahr	kull sana	كل سنة
jährlich (Adj)	sanawiy	سنويَ
jährlich (Adv)	kull sana	كل سنة
viermal pro Jahr	arbaʻ marrāt fis sana	أربع مرّات في السنة
Datum (heutige ~)	tarīx (m)	تاريخ
Datum (Geburts-)	tarīx (m)	تاريخ
Kalender (m)	taqwīm (m)	تقويم
ein halbes Jahr	niṣf sana (m)	نصف سنة
Halbjahr (n)	niṣf sana (m)	نصف سنة
Saison (f)	faṣl (m)	فصل
Jahrhundert (n)	qarn (m)	قرن

22. Maßeinheiten

Deutsch	Transkription	Arabisch
Gewicht (n)	wazn (m)	وزن
Länge (f)	ṭūl (m)	طول
Breite (f)	'arḍ (m)	عرض
Höhe (f)	irtifā' (m)	إرتفاع
Tiefe (f)	'umq (m)	عمق
Volumen (n)	ḥaʒm (m)	حجم
Fläche (f)	misāḥa (f)	مساحة
Gramm (n)	grām (m)	جرام
Milligramm (n)	milliɣrām (m)	مليغرام
Kilo (n)	kiluɣrām (m)	كيلوغرام
Tonne (f)	ṭunn (m)	طن
Pfund (n)	raṭl (m)	رطل
Unze (f)	ūnṣa (f)	أونصة
Meter (m)	mitr (m)	متر
Millimeter (m)	millimitr (m)	مليمتر
Zentimeter (m)	santimitr (m)	سنتيمتر
Kilometer (m)	kilumitr (m)	كيلومتر
Meile (f)	mīl (m)	ميل
Zoll (m)	būṣa (f)	بوصة
Fuß (m)	qadam (f)	قدم
Yard (n)	yārda (f)	ياردة
Quadratmeter (m)	mitr murabba' (m)	متر مربّع
Hektar (n)	hiktār (m)	هكتار
Liter (m)	litr (m)	لتر
Grad (m)	daraʒa (f)	درجة
Volt (n)	vūlt (m)	فولت
Ampere (n)	ambīr (m)	أمبير
Pferdestärke (f)	ḥiṣān (m)	حصان
Anzahl (f)	kammiyya (f)	كمّيّة
etwas …	qalīl …	قليل…
Hälfte (f)	niṣf (m)	نصف
Dutzend (n)	iθnā 'aʃar (f)	إثنا عشر
Stück (n)	waḥda (f)	وحدة
Größe (f)	ḥaʒm (m)	حجم
Maßstab (m)	miqyās (m)	مقياس
minimal (Adj)	al adna	الأدنى
der kleinste	al aṣɣar	الأصغر
mittler, mittel-	mutawassiṭ	متوسّط
maximal (Adj)	al aqṣa	الأقصى
der größte	al akbar	الأكبر

23. Behälter

Deutsch	Transkription	Arabisch
Glas (Einmachglas)	barṭamān (m)	برطمان
Dose (z.B. Bierdose)	tanaka (f)	تنكة

Eimer (m)	ʒardal (m)	جردل
Fass (n), Tonne (f)	barmīl (m)	برميل

Waschschüssel (n)	ḥawḍ lil ɣasīl (m)	حوض للغسيل
Tank (m)	χazzān (m)	خزّان
Flachmann (m)	zamzamiyya (f)	زمزميّة
Kanister (m)	ʒirikan (m)	جركن
Zisterne (f)	χazzān (m)	خزّان

Kaffeebecher (m)	māgg (m)	ماجّ
Tasse (f)	finʒān (m)	فنجان
Untertasse (f)	ṭabaq finʒān (m)	طبق فنجان
Wasserglas (n)	kubbāya (f)	كبّاية
Weinglas (n)	ka's (f)	كأس
Kochtopf (m)	kassirūlla (f)	كاسرولة

Flasche (f)	zuʒāʒa (f)	زجاجة
Flaschenhals (m)	'unq (m)	عنق

Karaffe (f)	dawraq zuʒāʒiy (m)	دورق زجاجيّ
Tonkrug (m)	ibrīq (m)	إبريق
Gefäß (n)	inā' (m)	إناء
Tontopf (m)	aṣīṣ (m)	أصيص
Vase (f)	vāza (f)	فازة

Flakon (n)	zuʒāʒa (f)	زجاجة
Fläschchen (n)	zuʒāʒa (f)	زجاجة
Tube (z.B. Zahnpasta)	umbūba (f)	أنبوبة

Sack (~ Kartoffeln)	kīs (m)	كيس
Tüte (z.B. Plastiktüte)	kīs (m)	كيس
Schachtel (f) (z.B. Zigaretten~)	'ulba (f)	علبة

Karton (z.B. Schuhkarton)	'ulba (f)	علبة
Kiste (z.B. Bananenkiste)	ṣundū' (m)	صندوق
Korb (m)	salla (f)	سلّة

DER MENSCH

Der Mensch. Körper

24. Kopf

Deutsch	Transkription	العربية
Kopf (m)	ra's (m)	رأس
Gesicht (n)	waʒh (m)	وجه
Nase (f)	anf (m)	أنف
Mund (m)	fam (m)	فم
Auge (n)	'ayn (f)	عين
Augen (pl)	'uyūn (pl)	عيون
Pupille (f)	ḥadaqa (f)	حدقة
Augenbraue (f)	ḥāʒib (m)	حاجب
Wimper (f)	rimʃ (m)	رمش
Augenlid (n)	ʒafn (m)	جفن
Zunge (f)	lisān (m)	لسان
Zahn (m)	sinn (f)	سن
Lippen (pl)	ʃifāh (pl)	شفاه
Backenknochen (pl)	'iẓām waʒhiyya (pl)	عظام وجهية
Zahnfleisch (n)	liθθa (f)	لثة
Gaumen (m)	ḥanak (m)	حنك
Nasenlöcher (pl)	minxarān (du)	منخران
Kinn (n)	ðaqan (m)	ذقن
Kiefer (m)	fakk (m)	فك
Wange (f)	xadd (m)	خد
Stirn (f)	ʒabha (f)	جبهة
Schläfe (f)	ṣudɣ (m)	صدغ
Ohr (n)	uðun (f)	أذن
Nacken (m)	qafa (m)	قفا
Hals (m)	raqaba (f)	رقبة
Kehle (f)	ḥalq (m)	حلق
Haare (pl)	ʃa'r (m)	شعر
Frisur (f)	tasrīḥa (f)	تسريحة
Haarschnitt (m)	tasrīḥa (f)	تسريحة
Perücke (f)	barūka (f)	باروكة
Schnurrbart (m)	ʃawārib (pl)	شوارب
Bart (m)	liḥya (f)	لحية
haben (einen Bart ~)	'indahu	عنده
Zopf (m)	ḍifīra (f)	ضفيرة
Backenbart (m)	sawālif (pl)	سوالف
rothaarig	aḥmar aʃ ʃa'r	أحمر الشعر
grau	abyaḍ	أبيض

kahl	aṣlaʿ	أصلع
Glatze (f)	ṣalaʿ (m)	صلع
Pferdeschwanz (m)	ðayl ḥiṣān (m)	ذيل حصان
Pony (Ponyfrisur)	quṣṣa (f)	قصّة

25. Menschlicher Körper

Hand (f)	yad (m)	يد
Arm (m)	ðirāʿ (f)	ذراع
Finger (m)	iṣbaʿ (m)	إصبع
Zehe (f)	iṣbaʿ al qadam (m)	إصبع القدم
Daumen (m)	ibhām (m)	إبهام
kleiner Finger (m)	χunṣur (m)	خنصر
Nagel (m)	ẓufr (m)	ظفر
Faust (f)	qabḍa (f)	قبضة
Handfläche (f)	kaff (f)	كفّ
Handgelenk (n)	miʿṣam (m)	معصم
Unterarm (m)	sāʿid (m)	ساعد
Ellbogen (m)	mirfaq (m)	مرفق
Schulter (f)	katf (f)	كتف
Bein (n)	riʒl (f)	رجل
Fuß (m)	qadam (f)	قدم
Knie (n)	rukba (f)	ركبة
Wade (f)	sammāna (f)	سمّانة
Hüfte (f)	faχð (f)	فخذ
Ferse (f)	ʿaqb (m)	عقب
Körper (m)	ʒism (m)	جسم
Bauch (m)	baṭn (m)	بطن
Brust (f)	ṣadr (m)	صدر
Busen (m)	θady (m)	ثدي
Seite (f), Flanke (f)	ʒamb (m)	جنب
Rücken (m)	ẓahr (m)	ظهر
Kreuz (n)	asfal aẓ ẓahr (m)	أسفل الظهر
Taille (f)	χaṣr (m)	خصر
Nabel (m)	surra (f)	سرّة
Gesäßbacken (pl)	ardāf (pl)	أرداف
Hinterteil (n)	dubr (m)	دبر
Leberfleck (m)	ʃāma (f)	شامة
Muttermal (n)	waḥma	وحمة
Tätowierung (f)	waʃm (m)	وشم
Narbe (f)	nadba (f)	ندبة

Kleidung & Accessoires

26. Oberbekleidung. Mäntel

Kleidung (f)	malābis (pl)	ملابس
Oberkleidung (f)	malābis fawqāniyya (pl)	ملابس فوقانيّة
Winterkleidung (f)	malābis ʃitawiyya (pl)	ملابس شتويّة
Mantel (m)	miʿṭaf (m)	معطف
Pelzmantel (m)	miʿtaf farw (m)	معطف فرو
Pelzjacke (f)	ʒakīt farw (m)	جاكيت فرو
Daunenjacke (f)	haʃiyyat rīʃ (m)	حشية ريش
Jacke (z.B. Lederjacke)	ʒākīt (m)	جاكيت
Regenmantel (m)	miʿṭaf lil matar (m)	معطف للمطر
wasserdicht	ṣāmid lil māʾ	صامد للماء

27. Men's & women's clothing

Hemd (n)	qamīṣ (m)	قميص
Hose (f)	banṭalūn (m)	بنطلون
Jeans (pl)	ʒīnz (m)	جينز
Jackett (n)	sutra (f)	سترة
Anzug (m)	badla (f)	بدلة
Damenkleid (n)	fustān (m)	فستان
Rock (m)	tannūra (f)	تنّورة
Bluse (f)	blūza (f)	بلوزة
Strickjacke (f)	kardigān (m)	كارديجان
Jacke (Damen Kostüm)	ʒākīt (m)	جاكيت
T-Shirt (n)	ti ʃirt (m)	تي شيرت
Shorts (pl)	ʃūrt (m)	شورت
Sportanzug (m)	badlat at tadrīb (f)	بدلة التدريب
Bademantel (m)	θawb hammām (m)	ثوب حمّام
Schlafanzug (m)	biʒāma (f)	بيجاما
Sweater (m)	bulūvir (m)	بلوفر
Pullover (m)	bulūvir (m)	بلوفر
Weste (f)	ṣudayriy (m)	صديريّ
Frack (m)	badlat sahra (f)	بدلة سهرة
Smoking (m)	smūkin (m)	سموكن
Uniform (f)	zayy muwaḥḥad (m)	زي موحّد
Arbeitskleidung (f)	θiyāb al ʿamal (m)	ثياب العمل
Overall (m)	uvirūl (m)	اوفرول
Kittel (z.B. Arztkittel)	θawb (m)	ثوب

28. Kleidung. Unterwäsche

Deutsch	Transkription	Arabisch
Unterwäsche (f)	malābis dāxiliyya (pl)	ملابس داخليّة
Herrenslip (m)	sirwāl dāxiliy riʒāliy (m)	سروال داخلي رجاليّ
Damenslip (m)	sirwāl dāxiliy nisā'iy (m)	سروال داخلي نسائيّ
Unterhemd (n)	qamīṣ bila aqmām (m)	قميص بلا أكمام
Socken (pl)	ʒawārib (pl)	جوارب
Nachthemd (n)	qamīṣ nawm (m)	قميص نوم
Büstenhalter (m)	ḥammālat ṣadr (f)	حمّالة صدر
Kniestrümpfe (pl)	ʒawārib ṭawīla (pl)	جوارب طويلة
Strumpfhose (f)	ʒawārib kulūn (pl)	جوارب كولون
Strümpfe (pl)	ʒawārib nisā'iyya (pl)	جوارب نسائية
Badeanzug (m)	libās sibāḥa (m)	لباس سباحة

29. Kopfbekleidung

Mütze (f)	qubba'a (f)	قبّعة
Filzhut (m)	burnayṭa (f)	برنيطة
Baseballkappe (f)	kāb baysbūl (m)	كاب بيسبول
Schiebermütze (f)	qubba'a musaṭṭaḥa (f)	قبّعة مسطحة
Baskenmütze (f)	birīh (m)	بيريه
Kapuze (f)	ɣiṭā' (m)	غطاء
Panamahut (m)	qubba'at banāma (f)	قبّعة بناما
Strickmütze (f)	qubbā'a maḥbūka (m)	قبّعة محبوكة
Kopftuch (n)	ṭʃārb (m)	إيشارب
Damenhut (m)	burnayṭa (f)	برنيطة
Schutzhelm (m)	xūða (f)	خوذة
Feldmütze (f)	kāb (m)	كاب
Helm (z.B. Motorradhelm)	xūða (f)	خوذة
Melone (f)	qubba'at dirbi (f)	قبّعة ديربي
Zylinder (m)	qubba'a 'āliya (f)	قبّعة عالية

30. Schuhwerk

Deutsch	Transkription	Arabisch
Schuhe (pl)	aḥðiya (pl)	أحذية
Stiefeletten (pl)	ʒazma (f)	جزمة
Halbschuhe (pl)	ʒazma (f)	جزمة
Stiefel (pl)	būt (m)	بوت
Hausschuhe (pl)	ʃibʃib (m)	شبشب
Tennisschuhe (pl)	ḥiðā' riyāḍiy (m)	حذاء رياضيّ
Leinenschuhe (pl)	kutʃi (m)	كوتشي
Sandalen (pl)	ṣandal (pl)	صندل
Schuster (m)	iskāfiy (m)	إسكافيّ
Absatz (m)	ka'b (m)	كعب

T&P Books. Wortschatz Deutsch-Arabisch für das Selbststudium - 5000 Wörter

Paar (n)	zawӡ (m)	زوج
Schnürsenkel (m)	ʃarīṭ (m)	شريط
schnüren (vt)	rabaṭ	ربط
Schuhlöffel (m)	labbāsat ḥiðāʼ (f)	لبّاسة حذاء
Schuhcreme (f)	warnīʃ al ḥiðāʼ (m)	ورنيش الحذاء

31. Persönliche Accessoires

Handschuhe (pl)	quffāz (m)	قفاز
Fausthandschuhe (pl)	quffāz muɣlaq (m)	قفاز مغلق
Schal (Kaschmir-)	ʈʃārb (m)	إيشارب
Brille (f)	naẓẓāra (f)	نظّارة
Brillengestell (n)	iṭār (m)	إطار
Regenschirm (m)	ʃamsiyya (f)	شمسيّة
Spazierstock (m)	ʻaṣa (f)	عصا
Haarbürste (f)	furʃat ʃaʻr (f)	فرشة شعر
Fächer (m)	mirwaḥa yadawiyya (f)	مروحة يدويّة
Krawatte (f)	karavatta (f)	كرافتة
Fliege (f)	babyūn (m)	بيبون
Hosenträger (pl)	ḥammāla (f)	حمّالة
Taschentuch (n)	mandīl (m)	منديل
Kamm (m)	miʃṭ (m)	مشط
Haarspange (f)	dabbūs (m)	دبّوس
Haarnadel (f)	bansa (f)	بنسة
Schnalle (f)	bukla (f)	بكلة
Gürtel (m)	ḥizām (m)	حزام
Umhängegurt (m)	ḥammalat al katf (f)	حمّالة الكتف
Tasche (f)	ʃanṭa (f)	شنطة
Handtasche (f)	ʃanṭat yad (f)	شنطة يد
Rucksack (m)	ḥaqībat ẓahr (f)	حقيبة ظهر

32. Kleidung. Verschiedenes

Mode (f)	mūḍa (f)	موضة
modisch	fil mūḍa	في الموضة
Modedesigner (m)	muṣammim azyāʼ (m)	مصمّم أزياء
Kragen (m)	yāqa (f)	ياقة
Tasche (f)	ӡayb (m)	جيب
Taschen-	ӡayb	جيب
Ärmel (m)	kumm (m)	كمّ
Aufhänger (m)	ʻallāqa (f)	علّاقة
Hosenschlitz (m)	lisān (m)	لسان
Reißverschluss (m)	zimām munzaliq (m)	زمام منزلق
Verschluss (m)	miʃbak (m)	مشبك
Knopf (m)	zirr (m)	زرّ

Knopfloch (n)	'urwa (f)	عروة
abgehen (Knopf usw.)	waqa'	وقع
nähen (vi, vt)	ḫāṭ	خاط
sticken (vt)	ṭarraz	طرّز
Stickerei (f)	taṭrīz (m)	تطريز
Nadel (f)	ibra (f)	إبرة
Faden (m)	ḫayṭ (m)	خيط
Naht (f)	darz (m)	درز
sich beschmutzen	tawassaḫ	توسّخ
Fleck (m)	buq'a (f)	بقعة
sich knittern	takarmaʃ	تكرمش
zerreißen (vt)	qaṭṭa'	قطّع
Motte (f)	'uθθa (f)	عثّة

33. Kosmetikartikel. Kosmetik

Zahnpasta (f)	ma'ʒūn asnān (m)	معجون أسنان
Zahnbürste (f)	furʃat asnān (f)	فرشة أسنان
Zähne putzen	naẓẓaf al asnān	نظّف الأسنان
Rasierer (m)	mūs ḥilāqa (m)	موس حلاقة
Rasiercreme (f)	krīm ḥilāqa (m)	كريم حلاقة
sich rasieren	ḥalaq	حلق
Seife (f)	ṣābūn (m)	صابون
Shampoo (n)	ʃāmbū (m)	شامبو
Schere (f)	maqaṣṣ (m)	مقصّ
Nagelfeile (f)	mibrad (m)	مبرد
Nagelzange (f)	milqaṭ (m)	ملقط
Pinzette (f)	milqaṭ (m)	ملقط
Kosmetik (f)	mawādd at taʒmīl (pl)	موادّ التجميل
Gesichtsmaske (f)	mask (m)	ماسك
Maniküre (f)	manikūr (m)	مانيكور
Maniküre machen	'amal manikūr	عمل مانيكور
Pediküre (f)	badikīr (m)	باديكير
Kosmetiktasche (f)	ḥaqībat adawāt at taʒmīl (f)	حقيبة أدوات التجميل
Puder (m)	budrat waʒh (f)	بودرة وجه
Puderdose (f)	'ulbat būdra (f)	علبة بودرة
Rouge (n)	aḥmar ḫudūd (m)	أحمر خدود
Parfüm (n)	'iṭr (m)	عطر
Duftwasser (n)	kulūnya (f)	كولونيا
Lotion (f)	lusiyun (m)	لوسيون
Kölnischwasser (n)	kulūniya (f)	كولونيا
Lidschatten (m)	ay ʃaduw (m)	اي شادو
Kajalstift (m)	kuḥl al 'uyūn (m)	كحل العيون
Wimperntusche (f)	maskara (f)	ماسكارا
Lippenstift (m)	aḥmar ʃifāh (m)	أحمر شفاه

Nagellack (m)	mulammiʿ al aẓāfir (m)	ملمّع الاظافر
Haarlack (m)	muθabbit aʃ ʃaʿr (m)	مثبّت الشعر
Deodorant (n)	muzīl rawā'iḥ (m)	مزيل روائح

Creme (f)	krīm (m)	كريم
Gesichtscreme (f)	krīm lil waʒh (m)	كريم للوجه
Handcreme (f)	krīm lil yadayn (m)	كريم لليدين
Anti-Falten-Creme (f)	krīm muḍādd lit taʒāʿīd (m)	كريم مضادّ للتجاعيد
Tagescreme (f)	krīm an nahār (m)	كريم النهار
Nachtcreme (f)	krīm al layl (m)	كريم الليل
Tages-	nahāriy	نهاري
Nacht-	layliy	ليلي

Tampon (m)	tambūn (m)	تانبون
Toilettenpapier (n)	waraq ḥammām (m)	ورق حمّام
Föhn (m)	muʒaffif ʃaʿr (m)	مجفّف شعر

34. Armbanduhren Uhren

Armbanduhr (f)	sāʿa (f)	ساعة
Zifferblatt (n)	waʒh as sāʿa (m)	وجه الساعة
Zeiger (m)	ʿaqrab as sāʿa (m)	عقرب الساعة
Metallarmband (n)	siwār sāʿa maʿdaniyya (m)	سوار ساعة معدنيّة
Uhrenarmband (n)	siwār sāʿa (m)	سوار ساعة

Batterie (f)	baṭṭāriyya (f)	بطّاريّة
verbraucht sein	tafarraɣ	تفرّغ
die Batterie wechseln	ɣayyar al baṭṭāriyya	غيّر البطّاريّة
vorgehen (vi)	sabaq	سبق
nachgehen (vi)	taʾaxxar	تأخّر

Wanduhr (f)	sāʿat ḥāʾiṭ (f)	ساعة حائط
Sanduhr (f)	sāʿa ramliyya (f)	ساعة رمليّة
Sonnenuhr (f)	sāʿa ʃamsiyya (f)	ساعة شمسيّة
Wecker (m)	munabbih (m)	منبّه
Uhrmacher (m)	saʿātiy (m)	ساعاتيّ
reparieren (vt)	aṣlaḥ	أصلح

Essen. Ernährung

35. Essen

Deutsch	Transkription	العربية
Fleisch (n)	laḥm (m)	لحم
Hühnerfleisch (n)	daʒāʒ (m)	دجاج
Küken (n)	farrūʒ (m)	فروج
Ente (f)	baṭṭa (f)	بطة
Gans (f)	iwazza (f)	إوزة
Wild (n)	ṣayd (m)	صيد
Pute (f)	daʒāʒ rūmiy (m)	دجاج رومي
Schweinefleisch (n)	laḥm al xinzīr (m)	لحم الخنزير
Kalbfleisch (n)	laḥm il 'iʒl (m)	لحم العجل
Hammelfleisch (n)	laḥm aḍ ḍa'n (m)	لحم الضأن
Rindfleisch (n)	laḥm al baqar (m)	لحم البقر
Kaninchenfleisch (n)	arnab (m)	أرنب
Wurst (f)	suʒuq (m)	سجق
Würstchen (n)	suʒuq (m)	سجق
Schinkenspeck (m)	bikūn (m)	بيكون
Schinken (m)	hām (m)	هام
Räucherschinken (m)	faxð xinzīr (m)	فخذ خنزير
Pastete (f)	ma'ʒūn laḥm (m)	معجون لحم
Leber (f)	kibda (f)	كبدة
Hackfleisch (n)	ḥaʃwa (f)	حشوة
Zunge (f)	lisān (m)	لسان
Ei (n)	bayḍa (f)	بيضة
Eier (pl)	bayḍ (m)	بيض
Eiweiß (n)	bayāḍ al bayḍ (m)	بياض البيض
Eigelb (n)	ṣafār al bayḍ (m)	صفار البيض
Fisch (m)	samak (m)	سمك
Meeresfrüchte (pl)	fawākih al baḥr (pl)	فواكه البحر
Kaviar (m)	kaviyār (m)	كافيار
Krabbe (f)	salṭa'ūn (m)	سلطعون
Garnele (f)	ʒambari (m)	جمبري
Auster (f)	maḥār (m)	محار
Languste (f)	karkand ʃāik (m)	كركند شائك
Krake (m)	uxṭubūṭ (m)	أخطبوط
Kalmar (m)	kalmāri (m)	كالماري
Störfleisch (n)	samak al ḥaʃʃ (m)	سمك الحفش
Lachs (m)	salmūn (m)	سلمون
Heilbutt (m)	samak al halbūt (m)	سمك الهلبوت
Dorsch (m)	samak al qudd (m)	سمك القدّ
Makrele (f)	usqumriy (m)	أسقمريّ

Tunfisch (m)	tūna (f)	تونة
Aal (m)	ḥankalīs (m)	حنكليس
Forelle (f)	salmūn muraqqaṭ (m)	سلمون مرقط
Sardine (f)	sardīn (m)	سردين
Hecht (m)	samak al karāki (m)	سمك الكراكي
Hering (m)	rinʒa (f)	رنجة
Brot (n)	xubz (m)	خبز
Käse (m)	ʒubna (f)	جبنة
Zucker (m)	sukkar (m)	سكّر
Salz (n)	milḥ (m)	ملح
Reis (m)	urz (m)	أرز
Teigwaren (pl)	makarūna (f)	مكرونة
Nudeln (pl)	nūdlis (f)	نودلز
Butter (f)	zubda (f)	زبدة
Pflanzenöl (n)	zayt (m)	زيت
Sonnenblumenöl (n)	zayt ʿabīd aʃ ʃams (m)	زيت عبيد الشمس
Margarine (f)	marɣarīn (m)	مرغرين
Oliven (pl)	zaytūn (m)	زيتون
Olivenöl (n)	zayt az zaytūn (m)	زيت الزيتون
Milch (f)	ḥalīb (m)	حليب
Kondensmilch (f)	ḥalīb mukaθθaf (m)	حليب مكثف
Joghurt (m)	yūɣurt (m)	يوغرت
saure Sahne (f)	krīma ḥāmiḍa (f)	كريمة حامضة
Sahne (f)	krīma (f)	كريمة
Mayonnaise (f)	mayunīz (m)	مايونيز
Buttercreme (f)	krīmat zubda (f)	كريمة زبدة
Grütze (f)	ḥubūb (pl)	حبوب
Mehl (n)	daqīq (m)	دقيق
Konserven (pl)	muʿallabāt (pl)	معلّبات
Maisflocken (pl)	kurn fliks (m)	كورن فليكس
Honig (m)	ʿasal (m)	عسل
Marmelade (f)	murabba (m)	مربّى
Kaugummi (m, n)	ʿilk (m)	علك

36. Getränke

Wasser (n)	māʾ (m)	ماء
Trinkwasser (n)	māʾ ʃurb (m)	ماء شرب
Mineralwasser (n)	māʾ maʿdaniy (m)	ماء معدنيّ
still	bi dūn ɣāz	بدون غاز
mit Kohlensäure	mukarban	مكربن
mit Gas	bil ɣāz	بالغاز
Eis (n)	θalʒ (m)	ثلج
mit Eis	biθ θalʒ	بالثلج

alkoholfrei (Adj)	bi dūn kuḥūl	بدون كحول
alkoholfreies Getränk (n)	maʃrūb ɣāziy (m)	مشروب غازي
Erfrischungsgetränk (n)	maʃrūb muθallaʒ (m)	مشروب مثلج
Limonade (f)	ʃarāb laymūn (m)	شراب ليمون
Spirituosen (pl)	maʃrūbāt kuḥūliyya (pl)	مشروبات كحوليّة
Wein (m)	nabīð (f)	نبيذ
Weißwein (m)	nibīð abyaḍ (m)	نبيذ أبيض
Rotwein (m)	nabīð aḥmar (m)	نبيذ أحمر
Likör (m)	liqiūr (m)	ليكيور
Champagner (m)	ʃambāniya (f)	شمبانيا
Wermut (m)	virmut (m)	فيرموث
Whisky (m)	wiski (m)	وسكي
Wodka (m)	vudka (f)	فودكا
Gin (m)	ʒīn (m)	جين
Kognak (m)	kunyāk (m)	كونياك
Rum (m)	rum (m)	رم
Kaffee (m)	qahwa (f)	قهوة
schwarzer Kaffee (m)	qahwa sāda (f)	قهوة سادة
Milchkaffee (m)	qahwa bil ḥalīb (f)	قهوة بالحليب
Cappuccino (m)	kaputʃinu (m)	كابتشينو
Pulverkaffee (m)	niskafi (m)	نيسكافيه
Milch (f)	ḥalīb (m)	حليب
Cocktail (m)	kuktayl (m)	كوكتيل
Milchcocktail (m)	milk ʃiyk (m)	ميلك شيك
Saft (m)	ʿaṣīr (m)	عصير
Tomatensaft (m)	ʿaṣīr ṭamāṭim (m)	عصير طماطم
Orangensaft (m)	ʿaṣīr burtuqāl (m)	عصير برتقال
frisch gepresster Saft (m)	ʿaṣīr ṭāziʒ (m)	عصير طازج
Bier (n)	bīra (f)	بيرة
Helles (n)	bīra xafīfa (f)	بيرة خفيفة
Dunkelbier (n)	bīra ɣāmiqa (f)	بيرة غامقة
Tee (m)	ʃāy (m)	شاي
schwarzer Tee (m)	ʃāy aswad (m)	شاي أسود
grüner Tee (m)	ʃāy axḍar (m)	شاي أخضر

37. Gemüse

Gemüse (n)	xuḍār (pl)	خضار
grünes Gemüse (pl)	xuḍrawāt waraqiyya (pl)	خضروات ورقيّة
Tomate (f)	ṭamāṭim (f)	طماطم
Gurke (f)	xiyār (f)	خيار
Karotte (f)	ʒazar (m)	جزر
Kartoffel (f)	baṭāṭis (f)	بطاطس
Zwiebel (f)	baṣal (m)	بصل
Knoblauch (m)	θūm (m)	ثوم

Kohl (m)	kurumb (m)	كرنب
Blumenkohl (m)	qarnabīṭ (m)	قرنبيط
Rosenkohl (m)	kurumb brūksil (m)	كرنب بروكسل
Brokkoli (m)	brukuli (m)	بركولي
Rote Bete (f)	banʒar (m)	بنجر
Aubergine (f)	bātinʒān (m)	باذنجان
Zucchini (f)	kūsa (f)	كوسة
Kürbis (m)	qarʻ (m)	قرع
Rübe (f)	lift (m)	لفت
Petersilie (f)	baqdūnis (m)	بقدونس
Dill (m)	ʃabat (m)	شبت
Kopf Salat (m)	χass (m)	خس
Sellerie (m)	karafs (m)	كرفس
Spargel (m)	halyūn (m)	هليون
Spinat (m)	sabāniχ (m)	سبانخ
Erbse (f)	bisilla (f)	بسلة
Bohnen (pl)	fūl (m)	فول
Mais (m)	ðura (f)	ذرة
weiße Bohne (f)	faṣūliya (f)	فاصوليا
Paprika (m)	filfil (m)	فلفل
Radieschen (n)	fiʒl (m)	فجل
Artischocke (f)	χurʃūf (m)	خرشوف

38. Obst. Nüsse

Frucht (f)	fākiha (f)	فاكهة
Apfel (m)	tuffāḥa (f)	تفاحة
Birne (f)	kummaθra (f)	كمّثرى
Zitrone (f)	laymūn (m)	ليمون
Apfelsine (f)	burtuqāl (m)	برتقال
Erdbeere (f)	farawla (f)	فراولة
Mandarine (f)	yūsufiy (m)	يوسفي
Pflaume (f)	barqūq (m)	برقوق
Pfirsich (m)	durrāq (m)	دراق
Aprikose (f)	miʃmiʃ (f)	مشمش
Himbeere (f)	tūt al ʻullayq al aḥmar (m)	توت العلّيق الأحمر
Ananas (f)	ananās (m)	أناناس
Banane (f)	mawz (m)	موز
Wassermelone (f)	baṭṭīχ aḥmar (m)	بطّيخ أحمر
Weintrauben (pl)	ʻinab (m)	عنب
Kirsche (f)	karaz (m)	كرز
Melone (f)	baṭṭīχ aṣfar (f)	بطّيخ أصفر
Grapefruit (f)	zinbāʻ (m)	زنباع
Avocado (f)	avukādu (f)	افوكاتو
Papaya (f)	babāya (m)	بابايا
Mango (f)	mangu (m)	مانجو
Granatapfel (m)	rummān (m)	رمان

rote Johannisbeere (f)	kiʃmiʃ aḥmar (m)	كشمش أحمر
schwarze Johannisbeere (f)	'inab aθ θa'lab al aswad (m)	عنب الثعلب الأسود
Stachelbeere (f)	'inab aθ θa'lab (m)	عنب الثعلب
Heidelbeere (f)	'inab al ahrāʒ (m)	عنب الأحراج
Brombeere (f)	θamar al 'ullayk (m)	ثمر العليق
Rosinen (pl)	zabīb (m)	زبيب
Feige (f)	tīn (m)	تين
Dattel (f)	tamr (m)	تمر
Erdnuss (f)	fūl sudāniy (m)	فول سوداني
Mandel (f)	lawz (m)	لوز
Walnuss (f)	'ayn al ʒamal (f)	عين الجمل
Haselnuss (f)	bunduq (m)	بندق
Kokosnuss (f)	ʒawz al hind (m)	جوز هند
Pistazien (pl)	fustuq (m)	فستق

39. Brot. Süßigkeiten

Konditorwaren (pl)	ḥalawiyyāt (pl)	حلويات
Brot (n)	χubz (m)	خبز
Keks (m, n)	baskawīt (m)	بسكويت
Schokolade (f)	ʃukulāta (f)	شكولاتة
Schokoladen-	biʃʃukulāta	بالشكولاتة
Bonbon (m, n)	bumbūn (m)	بونبون
Kuchen (m)	ka'k (m)	كعك
Torte (f)	tūrta (f)	تورتة
Kuchen (Apfel-)	fatīra (f)	فطيرة
Füllung (f)	haʃwa (f)	حشوة
Konfitüre (f)	murabba (m)	مربّى
Marmelade (f)	marmalād (f)	مرملاد
Waffeln (pl)	wāfil (m)	وافل
Eis (n)	muθallaʒāt (pl)	مثلّجات
Pudding (m)	būding (m)	بودنج

40. Gerichte

Gericht (n)	waʒba (f)	وجبة
Küche (f)	maṭbaχ (m)	مطبخ
Rezept (n)	waṣfa (f)	وصفة
Portion (f)	waʒba (f)	وجبة
Salat (m)	sulṭa (f)	سلطة
Suppe (f)	ʃūrba (f)	شورية
Brühe (f), Bouillon (f)	maraq (m)	مرق
belegtes Brot (n)	sandawitʃ (m)	ساندويتش
Spiegelei (n)	bayḍ maqliy (m)	بيض مقليّ
Hamburger (m)	hamburger (m)	هامبورجر

Beefsteak (n)	biftīk (m)	بفتيك
Beilage (f)	ṭabaq ʒānibiy (m)	طبق جانبيّ
Spaghetti (pl)	spayitti (m)	سباغيتي
Kartoffelpüree (n)	harīs baṭāṭis (m)	هريس بطاطس
Pizza (f)	bītza (f)	بيتزا
Brei (m)	ʿaṣīda (f)	عصيدة
Omelett (n)	bayḍ maxfūq (m)	بيض مخفوق
gekocht	maslūq	مسلوق
geräuchert	mudaxxin	مدخّن
gebraten	maqliy	مقليّ
getrocknet	muʒaffaf	مجفّف
tiefgekühlt	muʒammad	مجمّد
mariniert	muxallil	مخلّل
süß	musakkar	مسكّر
salzig	māliḥ	مالح
kalt	bārid	بارد
heiß	sāxin	ساخن
bitter	murr	مرّ
lecker	laðīð	لذيذ
kochen (vt)	ṭabax	طبخ
zubereiten (vt)	ḥaddar	حضّر
braten (vt)	qala	قلي
aufwärmen (vt)	saxxan	سخّن
salzen (vt)	mallaḥ	ملّح
pfeffern (vt)	falfal	فلفل
reiben (vt)	baʃar	بشر
Schale (f)	qiʃra (f)	قشرة
schälen (vt)	qaʃʃar	قشّر

41. Gewürze

Salz (n)	milḥ (m)	ملح
salzig (Adj)	māliḥ	مالح
salzen (vt)	mallaḥ	ملّح
schwarzer Pfeffer (m)	filfil aswad (m)	فلفل أسود
roter Pfeffer (m)	filfil aḥmar (m)	فلفل أحمر
Senf (m)	ṣalṣat al xardal (f)	صلصة الخردل
Meerrettich (m)	fiʒl ḥārr (m)	فجل حارّ
Gewürz (n)	tābil (m)	تابل
Gewürz (n)	bahār (m)	بهار
Soße (f)	ṣalṣa (f)	صلصة
Essig (m)	xall (m)	خلّ
Anis (m)	yānsūn (m)	يانسون
Basilikum (n)	rīḥān (m)	ريحان
Nelke (f)	qurumful (m)	قرنفل
Ingwer (m)	zanʒabīl (m)	زنجبيل
Koriander (m)	kuzbara (f)	كزبرة

Zimt (m)	qirfa (f)	قرفة
Sesam (m)	simsim (m)	سمسم
Lorbeerblatt (n)	awrāq al ɣār (pl)	أوراق الغار
Paprika (m)	babrika (f)	بابريكا
Kümmel (m)	karāwiya (f)	كراوية
Safran (m)	zaʻfarān (m)	زعفران

42. Mahlzeiten

Essen (n)	akl (m)	أكل
essen (vi, vt)	akal	أكل
Frühstück (n)	futūr (m)	فطور
frühstücken (vi)	aftar	أفطر
Mittagessen (n)	ɣadāʼ (m)	غداء
zu Mittag essen	taɣadda	تغدّى
Abendessen (n)	ʻaʃāʼ (m)	عشاء
zu Abend essen	taʻaʃʃa	تعشّى
Appetit (m)	ʃahiyya (f)	شهيّة
Guten Appetit!	hanīʼan marīʼan!	هنيئًا مريئًا!
öffnen (vt)	fataḥ	فتح
verschütten (vt)	dalaq	دلق
verschüttet werden	indalaq	إندلق
kochen (vi)	ɣala	غلى
kochen (Wasser ~)	ɣala	غلى
gekocht (Adj)	maɣliy	مغليّ
kühlen (vt)	barrad	برّد
abkühlen (vi)	tabarrad	تبرّد
Geschmack (m)	ṭaʻm (m)	طعم
Beigeschmack (m)	al maðāq al ʻāliq fil fam (m)	المذاق العالق في الفم
auf Diät sein	faqad al wazn	فقد الوزن
Diät (f)	ḥimya ɣaðāʼiyya (f)	حمية غذائية
Vitamin (n)	vitamīn (m)	فيتامين
Kalorie (f)	suʻra ḥarāriyya (f)	سعرة حرارية
Vegetarier (m)	nabātiy (m)	نباتيّ
vegetarisch (Adj)	nabātiy	نباتيّ
Fett (n)	duhūn (pl)	دهون
Protein (n)	brutināt (pl)	بروتينات
Kohlenhydrat (n)	naʃawiyyāt (pl)	نشويّات
Scheibchen (n)	ʃarīḥa (f)	شريحة
Stück (ein ~ Kuchen)	qiṭʻa (f)	قطعة
Krümel (m)	futāta (f)	فتاتة

43. Gedeck

Löffel (m)	milʻaqa (f)	ملعقة
Messer (n)	sikkīn (m)	سكّين

Gabel (f)	ʃawka (f)	شوكة
Tasse (eine ~ Tee)	finӡān (m)	فنجان
Teller (m)	ṭabaq (m)	طبق
Untertasse (f)	ṭabaq finӡān (m)	طبق فنجان
Serviette (f)	mandīl (m)	منديل
Zahnstocher (m)	χallat asnān (f)	خلّة أسنان

44. Restaurant

Restaurant (n)	maṭ'am (m)	مطعم
Kaffeehaus (n)	kafé (m), maqha (m)	كافيه، مقهى
Bar (f)	bār (m)	بار
Teesalon (m)	ṣālun ʃāy (m)	صالون شاي

Kellner (m)	nādil (m)	نادل
Kellnerin (f)	nādila (f)	نادلة
Barmixer (m)	bārman (m)	بارمان

Speisekarte (f)	qā'imat aṭ ṭa'ām (f)	قائمة طعام
Weinkarte (f)	qā'imat al χumūr (f)	قائمة خمور
einen Tisch reservieren	ḥaӡaz mā'ida	حجز مائدة

Gericht (n)	waӡba (f)	وجبة
bestellen (vt)	ṭalab	طلب
eine Bestellung aufgeben	ṭalab	طلب

Aperitif (m)	ʃarāb (m)	شراب
Vorspeise (f)	muqabbilāt (pl)	مقبّلات
Nachtisch (m)	ḥalawiyyāt (pl)	حلويّات

Rechnung (f)	ḥisāb (m)	حساب
Rechnung bezahlen	dafa' al ḥisāb	دفع الحساب
das Wechselgeld geben	a'ṭa al bāqi	أعطى الباقي
Trinkgeld (n)	baqʃīʃ (m)	بقشيش

Familie, Verwandte und Freunde

45. Persönliche Informationen. Formulare

Deutsch	Transkription	Arabisch
Vorname (m)	ism (m)	إسم
Name (m)	ism al 'ā'ila (m)	إسم العائلة
Geburtsdatum (n)	tarīx al mīlād (m)	تاريخ الميلاد
Geburtsort (m)	makān al mīlād (m)	مكان الميلاد
Nationalität (f)	ʒinsiyya (f)	جنسية
Wohnort (m)	maqarr al iqāma (m)	مقر الإقامة
Land (n)	balad (m)	بلد
Beruf (m)	mihna (f)	مهنة
Geschlecht (n)	ʒins (m)	جنس
Größe (f)	ṭūl (m)	طول
Gewicht (n)	wazn (m)	وزن

46. Familienmitglieder. Verwandte

Deutsch	Transkription	Arabisch
Mutter (f)	umm (f)	أمّ
Vater (m)	ab (m)	أب
Sohn (m)	ibn (m)	إبن
Tochter (f)	ibna (f)	إبنة
jüngste Tochter (f)	al ibna aṣ ṣayīra (f)	الإبنة الصغيرة
jüngste Sohn (m)	al ibn aṣ ṣayīr (m)	الابن الصغير
ältere Tochter (f)	al ibna al kabīra (f)	الإبنة الكبيرة
älterer Sohn (m)	al ibn al kabīr (m)	الإبن الكبير
Bruder (m)	ax (m)	أخ
älterer Bruder (m)	al ax al kabīr (m)	الأخ الكبير
jüngerer Bruder (m)	al ax aṣ ṣayīr (m)	الأخ الصغير
Schwester (f)	uxt (f)	أخت
ältere Schwester (f)	al uxt al kabīra (f)	الأخت الكبيرة
jüngere Schwester (f)	al uxt aṣ ṣayīra (f)	الأخت الصغيرة
Cousin (m)	ibn 'amm (m), ibn xāl (m)	إبن عمّ، إبن خال
Cousine (f)	ibnat 'amm (f), ibnat xāl (f)	إبنة عمّ، إبنة خال
Mama (f)	mama (f)	ماما
Papa (m)	baba (m)	بابا
Eltern (pl)	wālidān (du)	والدان
Kind (n)	ṭifl (m)	طفل
Kinder (pl)	aṭfāl (pl)	أطفال
Großmutter (f)	ʒidda (f)	جدّة
Großvater (m)	ʒadd (m)	جدّ
Enkel (m)	ḥafīd (m)	حفيد

Enkelin (f)	ḥafīda (f)	حفيدة
Enkelkinder (pl)	aḥfād (pl)	أحفاد
Onkel (m)	ʿamm (m), ḵāl (m)	عمّ, خال
Tante (f)	ʿamma (f), ḵāla (f)	عمّة, خالة
Neffe (m)	ibn al aḵ (m), ibn al uḵt (m)	إبن الأخ, إبن الأخت
Nichte (f)	ibnat al aḵ (f), ibnat al uḵt (f)	إبنة الأخ, إبنة الأخت
Schwiegermutter (f)	ḥamātt (f)	حماة
Schwiegervater (m)	ḥamm (m)	حم
Schwiegersohn (m)	zawʒ al ibna (m)	زوج الأبنة
Stiefmutter (f)	zawʒat al ab (f)	زوجة الأب
Stiefvater (m)	zawʒ al umm (m)	زوج الأمّ
Säugling (m)	ṭifl raḍīʿ (m)	طفل رضيع
Kleinkind (n)	mawlūd (m)	مولود
Kleine (m)	walad ṣaɣīr (m)	ولد صغير
Frau (f)	zawʒa (f)	زوجة
Mann (m)	zawʒ (m)	زوج
Ehemann (m)	zawʒ (m)	زوج
Gemahlin (f)	zawʒa (f)	زوجة
verheiratet (Ehemann)	mutazawwiʒ	متزوّج
verheiratet (Ehefrau)	mutazawwiʒa	متزوّجة
ledig	aʿzab	أعزب
Junggeselle (m)	aʿzab (m)	أعزب
geschieden (Adj)	muṭallaq (m)	مطلّق
Witwe (f)	armala (f)	أرملة
Witwer (m)	armal (m)	أرمل
Verwandte (m)	qarīb (m)	قريب
naher Verwandter (m)	nasīb qarīb (m)	نسيب قريب
entfernter Verwandter (m)	nasīb baʿīd (m)	نسيب بعيد
Verwandte (pl)	aqārib (pl)	أقارب
Waise (m, f)	yatīm (m)	يتيم
Vormund (m)	waliyy amr (m)	وليّ أمر
adoptieren (einen Jungen)	tabanna	تبنّى
adoptieren (ein Mädchen)	tabanna	تبنّى

Medizin

47. Krankheiten

Krankheit (f)	maraḍ (m)	مرض
krank sein	maraḍ	مرض
Gesundheit (f)	ṣiḥḥa (f)	صحة

Schnupfen (m)	zukām (m)	زكام
Angina (f)	iltihāb al lawzatayn (m)	التهاب اللوزتين
Erkältung (f)	bard (m)	برد
sich erkälten	aṣābahu al bard	أصابه البرد

Bronchitis (f)	iltihāb al qaṣabāt (m)	إلتهاب القصبات
Lungenentzündung (f)	iltihāb ar ri'atayn (m)	إلتهاب الرئتين
Grippe (f)	inflūnza (f)	إنفلونزا

kurzsichtig	qaṣīr an naẓar	قصير النظر
weitsichtig	ba'īd an naẓar	بعيد النظر
Schielen (n)	ḥawal (m)	حول
schielend (Adj)	aḥwal	أحول
grauer Star (m)	katarakt (f)	كاتاراكت
Glaukom (n)	glawkūma (f)	جلوكوما

Schlaganfall (m)	sakta (f)	سكتة
Infarkt (m)	iḥtiʃā' (m)	إحتشاء
Herzinfarkt (m)	nawba qalbiya (f)	نوبة قلبية
Lähmung (f)	ʃalal (m)	شلل
lähmen (vt)	ʃall	شلّ

Allergie (f)	ḥassāsiyya (f)	حسَاسيَة
Asthma (n)	rabw (m)	ربو
Diabetes (m)	ad dā' as sukkariy (m)	الداء السكَريّ

Zahnschmerz (m)	alam al asnān (m)	ألم الأسنان
Karies (f)	naxar al asnān (m)	نخر الأسنان

Durchfall (m)	ishāl (m)	إسهال
Verstopfung (f)	imsāk (m)	إمساك
Magenverstimmung (f)	'usr al haḍm (m)	عسر الهضم
Vergiftung (f)	tasammum (m)	تسمّم
Vergiftung bekommen	tasammam	تسمّم

Arthritis (f)	iltihāb al mafāṣil (m)	إلتهاب المفاصل
Rachitis (f)	kusāḥ al aṭfāl (m)	كساح الأطفال
Rheumatismus (m)	riumatizm (m)	روماتزم
Atherosklerose (f)	taṣṣallub aʃʃarayīn (m)	تصلَب الشرايين
Gastritis (f)	iltihāb al ma'ida (m)	إلتهاب المعدة
Blinddarmentzündung (f)	iltihāb az zā'ida ad dūdiyya (m)	إلتهاب الزائدة الدوديَة

Cholezystitis (f)	iltihāb al marāra (m)	إلتهاب المرارة
Geschwür (n)	qurḥa (f)	قرحة
Masern (pl)	maraḍ al ḥaṣba (m)	مرض الحصبة
Röteln (pl)	ḥaṣba almāniyya (f)	حصبة ألمانية
Gelbsucht (f)	yaraqān (m)	يرقان
Hepatitis (f)	iltihāb al kabd al vayrūsiy (m)	إلتهاب الكبد الفيروسيّ
Schizophrenie (f)	šizufrīniya (f)	شيزوفرينيا
Tollwut (f)	dā' al kalb (m)	داء الكلب
Neurose (f)	'iṣāb (m)	عصاب
Gehirnerschütterung (f)	irtiǧāǧ al muxx (m)	إرتجاج المخ
Krebs (m)	saraṭān (m)	سرطان
Sklerose (f)	taṣṣallub (m)	تصلب
multiple Sklerose (f)	taṣṣallub muta'addid (m)	تصلب متعدد
Alkoholismus (m)	idmān al xamr (m)	إدمان الخمر
Alkoholiker (m)	mudmin al xamr (m)	مدمن الخمر
Syphilis (f)	sifilis az zuhariy (m)	سفلس الزهري
AIDS	al aydz (m)	الايدز
Tumor (m)	waram (m)	ورم
bösartig	xabīθ	خبيث
gutartig	ḥamīd (m)	حميد
Fieber (n)	ḥumma (f)	حمّى
Malaria (f)	malāriya (f)	ملاريا
Gangrän (f, n)	ɣanɣrīna (f)	غنغرينا
Seekrankheit (f)	duwār al baḥr (m)	دوار البحر
Epilepsie (f)	maraḍ aṣ ṣar' (m)	مرض الصرع
Epidemie (f)	wabā' (m)	وباء
Typhus (m)	tīfus (m)	تيفوس
Tuberkulose (f)	maraḍ as sull (m)	مرض السلّ
Cholera (f)	kulīra (f)	كوليرا
Pest (f)	ṭā'ūn (m)	طاعون

48. Symptome. Behandlungen. Teil 1

Symptom (n)	'araḍ (m)	عرض
Temperatur (f)	ḥarāra (f)	حرارة
Fieber (n)	ḥumma (f)	حمّى
Puls (m)	nabḍ (m)	نبض
Schwindel (m)	dawxa (f)	دوخة
heiß (Stirne usw.)	ḥārr	حارّ
Schüttelfrost (m)	nafaḍān (m)	نفضان
blass (z.B. -es Gesicht)	aṣfar	أصفر
Husten (m)	su'āl (m)	سعال
husten (vi)	sa'al	سعل
niesen (vi)	'aṭas	عطس
Ohnmacht (f)	iɣmā' (m)	إغماء

ohnmächtig werden	ɣumiya ʻalayh	غمي عليه
blauer Fleck (m)	kadma (f)	كدمة
Beule (f)	tawarrum (m)	تورّم
sich stoßen	istadam	إصطدم
Prellung (f)	radd (m)	رضّ
sich stoßen	taraddad	ترضّض
hinken (vi)	ʻaraʒ	عرج
Verrenkung (f)	χalʻ (m)	خلع
ausrenken (vt)	χalaʻ	خلع
Fraktur (f)	kasr (m)	كسر
brechen (Arm usw.)	inkasar	إنكسر
Schnittwunde (f)	ʒurḥ (m)	جرح
sich schneiden	ʒaraḥ nafsah	جرح نفسه
Blutung (f)	nazf (m)	نزف
Verbrennung (f)	ḥarq (m)	حرق
sich verbrennen	taʃayyat	تشيّط
stechen (vt)	waχaz	وخز
sich stechen	waχaz nafsah	وخز نفسه
verletzen (vt)	aṣāb	أصاب
Verletzung (f)	iṣāba (f)	إصابة
Wunde (f)	ʒurḥ (m)	جرح
Trauma (n)	ṣadma (f)	صدمة
irrereden (vi)	haða	هذى
stottern (vi)	talaʻsam	تلعثم
Sonnenstich (m)	ḍarbat ʃams (f)	ضربة شمس

49. Symptome. Behandlungen. Teil 2

Schmerz (m)	alam (m)	ألم
Splitter (m)	ʃaẓiyya (f)	شظيّة
Schweiß (m)	ʻirq (m)	عرق
schwitzen (vi)	ʻariq	عرق
Erbrechen (n)	taqayyuʻ (m)	تقيّؤ
Krämpfe (pl)	taʃannuʒāt (pl)	تشنّجات
schwanger	ḥāmil	حامل
geboren sein	wulid	وُلد
Geburt (f)	wilāda (f)	ولادة
gebären (vt)	walad	ولد
Abtreibung (f)	iʒhāḍ (m)	إجهاض
Atem (m)	tanaffus (m)	تنفّس
Atemzug (m)	istinʃāq (m)	إستنشاق
Ausatmung (f)	zafir (m)	زفير
ausatmen (vt)	zafar	زفر
einatmen (vt)	istanʃaq	إستنشق
Invalide (m)	muʻāq (m)	معاق
Krüppel (m)	muqʻad (m)	مقعد

Drogenabhängiger (m)	mudmin muxaddirāt (m)	مدمن مخدّرات
taub	aṭraʃ	أطرش
stumm	axras	أخرس
taubstumm	aṭraʃ axras	أطرش أخرس
verrückt (Adj)	maʒnūn (m)	مجنون
Irre (m)	maʒnūn (m)	مجنون
Irre (f)	maʒnūna (f)	مجنونة
den Verstand verlieren	ʒunn	جنّ
Gen (n)	ʒīn (m)	جين
Immunität (f)	manāʻa (f)	مناعة
erblich	wirāθiy	وراثيّ
angeboren	xilqiy munð al wilāda	خلقي منذ الولادة
Virus (m, n)	virūs (m)	فيروس
Mikrobe (f)	mikrūb (m)	ميكروب
Bakterie (f)	ʒurθūma (f)	جرثومة
Infektion (f)	ʻadwa (f)	عدوى

50. Symptome. Behandlungen. Teil 3

Krankenhaus (n)	mustaʃfa (m)	مستشفى
Patient (m)	marīḍ (m)	مريض
Diagnose (f)	taʃxīṣ (m)	تشخيص
Heilung (f)	ʻilāʒ (m)	علاج
Behandlung (f)	ʻilāʒ (m)	علاج
Behandlung bekommen	taʻālaʒ	تعالج
behandeln (vt)	ʻālaʒ	عالج
pflegen (Kranke)	marraḍ	مرّض
Pflege (f)	ʻināya (f)	عناية
Operation (f)	ʻamaliyya ʒarahiyya (f)	عمليّة جرحيّة
verbinden (vt)	ḍammad	ضمّد
Verband (m)	taḍmīd (m)	تضميد
Impfung (f)	talqīḥ (m)	تلقيح
impfen (vt)	laqqaḥ	لقّح
Spritze (f)	ḥuqna (f)	حقنة
eine Spritze geben	ḥaqan ibra	حقن إبرة
Anfall (m)	nawba (f)	نوبة
Amputation (f)	batr (m)	بتر
amputieren (vt)	batar	بتر
Koma (n)	ɣaybūba (f)	غيبوبة
im Koma liegen	kān fi ḥālat ɣaybūba	كان في حالة غيبوبة
Reanimation (f)	al ʻināya al murakkaza (f)	العناية المركّزة
genesen von ... (vi)	ʃufiy	شفي
Zustand (m)	ḥāla (f)	حالة
Bewusstsein (n)	waʻy (m)	وعي
Gedächtnis (n)	ðākira (f)	ذاكرة
ziehen (einen Zahn ~)	xalaʻ	خلع

| Plombe (f) | ḥaʃw (m) | حشو |
| plombieren (vt) | ḥaʃa | حشا |

| Hypnose (f) | at tanwīm al maɣnaṭīsiy (m) | التنويم المغناطيسيّ |
| hypnotisieren (vt) | nawwam | نوّم |

51. Ärzte

Arzt (m)	ṭabīb (m)	طبيب
Krankenschwester (f)	mumarriḍa (f)	ممرّضة
Privatarzt (m)	duktūr ʃaxṣiy (m)	دكتور شخصيّ

Zahnarzt (m)	ṭabīb al asnān (m)	طبيب الأسنان
Augenarzt (m)	ṭabīb al ʻuyūn (m)	طبيب العيون
Internist (m)	ṭabīb bāṭiniy (m)	طبيب باطنيّ
Chirurg (m)	ʒarrāḥ (m)	جرّاح

Psychiater (m)	ṭabīb nafsiy (m)	طبيب نفسيّ
Kinderarzt (m)	ṭabīb al aṭfāl (m)	طبيب الأطفال
Psychologe (m)	sikulūʒiy (m)	سيكولوجيّ
Frauenarzt (m)	ṭabīb an nisāʼ (m)	طبيب النساء
Kardiologe (m)	ṭabīb al qalb (m)	طبيب القلب

52. Medizin. Medikamente. Accessoires

Arznei (f)	dawāʼ (m)	دواء
Heilmittel (n)	ʻilāʒ (m)	علاج
verschreiben (vt)	waṣaf	وصف
Rezept (n)	waṣfa (f)	وصفة

Tablette (f)	qurṣ (m)	قرص
Salbe (f)	marham (m)	مرهم
Ampulle (f)	ambūla (f)	أمبولة
Mixtur (f)	dawāʼ ʃarāb (m)	دواء شراب
Sirup (m)	ʃarāb (m)	شراب
Pille (f)	ḥabba (f)	حبّة
Pulver (n)	ðarūr (m)	ذرور

Verband (m)	ḍammāda (f)	ضمادة
Watte (f)	quṭn (m)	قطن
Jod (n)	yūd (m)	يود

Pflaster (n)	blāstir (m)	بلاستر
Pipette (f)	māṣṣat al bastara (f)	ماصّة البسترة
Thermometer (n)	tirmūmitr (m)	ترمومتر
Spritze (f)	miḥqana (f)	محقنة

| Rollstuhl (m) | kursiy mutaḥarrik (m) | كرسي متحرّك |
| Krücken (pl) | ʻukkāzān (du) | عكّازان |

| Betäubungsmittel (n) | musakkin (m) | مسكّن |
| Abführmittel (n) | mulayyin (m) | ملين |

Spiritus (m)	iθanūl (m)	إيثانول
Heilkraut (n)	a'ʃāb ṭibbiyya (pl)	أعشاب طبية
Kräuter- (z.B. Kräutertee)	'uʃbiy	عشبي

LEBENSRAUM DES MENSCHEN

Stadt

53. Stadt. Leben in der Stadt

Stadt (f)	madīna (f)	مدينة
Hauptstadt (f)	'āṣima (f)	عاصمة
Dorf (n)	qarya (f)	قرية
Stadtplan (m)	xarīṭat al madīna (f)	خريطة المدينة
Stadtzentrum (n)	markaz al madīna (m)	مركز المدينة
Vorort (m)	ḍāhiya (f)	ضاحية
Vorort-	aḍ ḍawāhi	الضواحي
Stadtrand (m)	aṭrāf al madīna (pl)	أطراف المدينة
Umgebung (f)	ḍawāhi al madīna (pl)	ضواحي المدينة
Stadtviertel (n)	ḥayy	حي
Wohnblock (m)	ḥayy sakaniy (m)	حي سكني
Straßenverkehr (m)	ḥarakat al murūr (f)	حركة المرور
Ampel (f)	iʃārāt al murūr (pl)	إشارات المرور
Stadtverkehr (m)	wasā'il an naql (pl)	وسائل النقل
Straßenkreuzung (f)	taqāṭuʻ (m)	تقاطع
Übergang (m)	ma'bar al muʃāt (m)	معبر المشاة
Fußgängerunterführung (f)	nafaq muʃāt (m)	نفق مشاة
überqueren (vt)	'abar	عبر
Fußgänger (m)	māʃi (m)	ماش
Gehweg (m)	raṣīf (m)	رصيف
Brücke (f)	ʒisr (m)	جسر
Kai (m)	kurnīʃ (m)	كورنيش
Springbrunnen (m)	nāfūra (f)	نافورة
Allee (f)	mamʃa (m)	ممشى
Park (m)	ḥadīqa (f)	حديقة
Boulevard (m)	bulvār (m)	بولفار
Platz (m)	maydān (m)	ميدان
Avenue (f)	ʃāriʻ (m)	شارع
Straße (f)	ʃāriʻ (m)	شارع
Gasse (f)	zuqāq (m)	زقاق
Sackgasse (f)	ṭarīq masdūd (m)	طريق مسدود
Haus (n)	bayt (m)	بيت
Gebäude (n)	mabna (m)	مبنى
Wolkenkratzer (m)	nāṭiḥat saḥāb (f)	ناطحة سحاب
Fassade (f)	wāʒiha (f)	واجهة
Dach (n)	saqf (m)	سقف

Fenster (n)	ʃubbāk (m)	شبّاك
Bogen (m)	qaws (m)	قوس
Säule (f)	ʿamūd (m)	عمود
Ecke (f)	zāwiya (f)	زاوية
Schaufenster (n)	vatrīna (f)	فترينة
Firmenschild (n)	lāfita (f)	لافتة
Anschlag (m)	mulṣaq (m)	ملصق
Werbeposter (m)	mulṣaq iʿlāniy (m)	ملصق إعلاني
Werbeschild (n)	lawḥat iʿlānāt (f)	لوحة إعلانات
Müll (m)	zubāla (f)	زبالة
Mülleimer (m)	ṣundūq zubāla (m)	صندوق زبالة
Abfall wegwerfen	rama zubāla	رمى زبالة
Mülldeponie (f)	mazbala (f)	مزبلة
Telefonzelle (f)	kuʃk tilifūn (m)	كشك تليفون
Straßenlaterne (f)	ʿamūd al miṣbāḥ (m)	عمود المصباح
Bank (Park-)	dikka (f), kursiy (m)	دكّة, كرسي
Polizist (m)	ʃurṭiy (m)	شرطيّ
Polizei (f)	ʃurṭa (f)	شرطة
Bettler (m)	ʃaḥḥāð (m)	شحّاذ
Obdachlose (m)	mutaʃarrid (m)	متشرّد

54. Innerstädtische Einrichtungen

Laden (m)	maḥall (m)	محلّ
Apotheke (f)	ṣaydaliyya (f)	صيدليّة
Optik (f)	al adawāt al baṣariyya (pl)	الأدوات البصريّة
Einkaufszentrum (n)	markaz tiʒāriy (m)	مركز تجاريّ
Supermarkt (m)	subirmarkit (m)	سوبرماركت
Bäckerei (f)	maxbaz (m)	مخبز
Bäcker (m)	xabbāz (m)	خبّاز
Konditorei (f)	dukkān ḥalawāniy (m)	دكّان حلواني
Lebensmittelladen (m)	baqqāla (f)	بقّالة
Metzgerei (f)	malḥama (f)	ملحمة
Gemüseladen (m)	dukkān xuḍār (m)	دكّان خضار
Markt (m)	sūq (f)	سوق
Kaffeehaus (n)	kafé (m), maqha (m)	كافيه, مقهى
Restaurant (n)	maṭʿam (m)	مطعم
Bierstube (f)	ḥāna (f)	حانة
Pizzeria (f)	maṭʿam pizza (m)	مطعم بيتزا
Friseursalon (m)	ṣālūn ḥilāqa (m)	صالون حلاقة
Post (f)	maktab al barīd (m)	مكتب البريد
chemische Reinigung (f)	tanẓīf ʒāff (m)	تنظيف جافّ
Fotostudio (n)	istūdiyu taṣwīr (m)	إستوديو تصوير
Schuhgeschäft (n)	maḥall aḥðiya (m)	محلّ أحذية
Buchhandlung (f)	maḥall kutub (m)	محلّ كتب

Sportgeschäft (n)	maḥall riyāḍiy (m)	محلٌ رياضيٌ
Kleiderreparatur (f)	maḥall ḫiyāṭat malābis (m)	محلٌ خياطةٌ ملابس
Bekleidungsverleih (m)	maḥall ta'ǧīr malābis rasmiyya (m)	محلٌ تأجير ملابس رسمية
Videothek (f)	maḥal ta'ǧīr vidiyu (m)	محلٌ تأجير فيديو
Zirkus (m)	sirk (m)	سيرك
Zoo (m)	ḥadīqat al ḥayawān (f)	حديقة حيوان
Kino (n)	sinima (f)	سينما
Museum (n)	matḥaf (m)	متحف
Bibliothek (f)	maktaba (f)	مكتبة
Theater (n)	masraḥ (m)	مسرح
Opernhaus (n)	ubra (f)	أوبرا
Nachtklub (m)	malha layliy (m)	ملهى ليليٌ
Kasino (n)	kazinu (m)	كازينو
Moschee (f)	masǧid (m)	مسجد
Synagoge (f)	kanīs ma'bad yahūdiy (m)	كنيس معبد يهوديٌ
Kathedrale (f)	katidrā'iyya (f)	كاتدرائيٌة
Tempel (m)	ma'bad (m)	معبد
Kirche (f)	kanīsa (f)	كنيسة
Institut (n)	kulliyya (m)	كليٌة
Universität (f)	ǧāmi'a (f)	جامعة
Schule (f)	madrasa (f)	مدرسة
Präfektur (f)	muqāṭa'a (f)	مقاطعة
Rathaus (n)	baladiyya (f)	بلديٌة
Hotel (n)	funduq (m)	فندق
Bank (f)	bank (m)	بنك
Botschaft (f)	safāra (f)	سفارة
Reisebüro (n)	šarikat siyāḥa (f)	شركة سياحة
Informationsbüro (n)	maktab al isti'lāmāt (m)	مكتب الإستعلامات
Wechselstube (f)	ṣarrāfa (f)	صرٌافة
U-Bahn (f)	mitru (m)	مترو
Krankenhaus (n)	mustašfa (m)	مستشفى
Tankstelle (f)	maḥaṭṭat banzīn (f)	محطٌة بنزين
Parkplatz (m)	mawqif as sayyārāt (m)	موقف السيٌارات

55. Schilder

Firmenschild (n)	lāfita (f)	لافتة
Aufschrift (f)	bayān (m)	بيان
Plakat (n)	mulṣaq i'lāniy (m)	ملصق إعلانيٌ
Wegweiser (m)	'alāmat ittiǧāh (f)	علامة إتٌجاه
Pfeil (m)	'alāmat išāra (f)	علامة إشارة
Vorsicht (f)	taḥḏīr (m)	تحذير
Warnung (f)	lāfitat taḥḏīr (f)	لافتة تحذير
warnen (vt)	ḥaḏḏar	حذٌر

freier Tag (m)	yawm 'utla (m)	يوم عطلة
Fahrplan (m)	ʒadwal (m)	جدول
Öffnungszeiten (pl)	awqāt al 'amal (pl)	أوقات العمل
HERZLICH WILLKOMMEN!	ahlan wa sahlan!	أهلًا وسهلًا
EINGANG	duxūl	دخول
AUSGANG	xurūʒ	خروج
DRÜCKEN	idfa'	إدفع
ZIEHEN	ishab	إسحب
GEÖFFNET	maftūh	مفتوح
GESCHLOSSEN	muɣlaq	مغلق
DAMEN, FRAUEN	lis sayyidāt	للسيدات
HERREN, MÄNNER	lir riʒāl	للرجال
AUSVERKAUF	xasm	خصم
REDUZIERT	taxfidāt	تففيضات
NEU!	ʒadīd!	جديد!
GRATIS	maʒʒānan	مجّانا
ACHTUNG!	intibāh!	إنتباه!
ZIMMER BELEGT	kull al amākin mahʒūza	كل الأماكن محجوزة
RESERVIERT	mahʒūz	محجوز
VERWALTUNG	idāra	إدارة
NUR FÜR PERSONAL	lil 'āmilīn faqat	للعاملين فقط
VORSICHT BISSIGER HUND	ihðar wuʒūd al kalb	إحذر وجود الكلب
RAUCHEN VERBOTEN!	mamnū' at tadxīn	ممنوع التدخين
BITTE NICHT BERÜHREN	'adam al lams	عدم اللمس
GEFÄHRLICH	xatīr	خطير
VORSICHT!	xatar	خطر
HOCHSPANNUNG	tayyār 'āli	تيّار عالي
BADEN VERBOTEN	as sibāha mamnū'a	السباحة ممنوعة
AUßER BETRIEB	mu'attal	معطّل
LEICHTENTZÜNDLICH	sarī' al iʃti'āl	سريع الإشتعال
VERBOTEN	mamnū'	ممنوع
DURCHGANG VERBOTEN	mamnū' al murūr	ممنوع المرور
FRISCH GESTRICHEN	ihðar tilā' ɣayr ʒāff	إحذر طلاء غير جاف

56. Innerstädtischer Transport

Bus (m)	bāṣ (m)	باص
Straßenbahn (f)	trām (m)	ترام
Obus (m)	truli bāṣ (m)	ترولي باص
Linie (f)	xatt (m)	خطّ
Nummer (f)	raqm (m)	رقم
mit ... fahren	rakib ...	ركب...
einsteigen (vi)	rakib	ركب

aussteigen (aus dem Bus)	nazil min	نزل من
Haltestelle (f)	mawqif (m)	موقف
nächste Haltestelle (f)	al maḥaṭṭa al qādima (f)	المحطة القادمة
Endhaltestelle (f)	āxir maḥaṭṭa (f)	آخر محطة
Fahrplan (m)	ӡadwal (m)	جدول
warten (vi, vt)	intaẓar	إنتظر
Fahrkarte (f)	taðkira (f)	تذكرة
Fahrpreis (m)	uӡra (f)	أجرة
Kassierer (m)	ṣarrāf (m)	صرّاف
Fahrkartenkontrolle (f)	taftīʃ taðkira (m)	تفتيش تذكرة
Fahrkartenkontrolleur (m)	mufattiʃ taðākir (m)	مفتّش تذاكر
sich verspäten	taʼaxxar	تأخّر
versäumen (Zug usw.)	taʼaxxar	تأخّر
sich beeilen	istaʻӡal	إستعجل
Taxi (n)	taksi (m)	تاكسي
Taxifahrer (m)	sāʼiq taksi (m)	سائق تاكسي
mit dem Taxi	bit taksi	بالتاكسي
Taxistand (m)	mawqif taksi (m)	موقف تاكسي
ein Taxi rufen	kallam tāksi	كلّم تاكسي
ein Taxi nehmen	axað taksi	أخذ تاكسي
Straßenverkehr (m)	ḥarakat al murūr (f)	حركة المرور
Stau (m)	zaḥmat al murūr (f)	زحمة المرور
Hauptverkehrszeit (f)	sāʻat að ðurwa (f)	ساعة الذروة
parken (vi)	awqaf	أوقف
parken (vt)	awqaf	أوقف
Parkplatz (m)	mawqif as sayyārāt (m)	موقف السيارات
U-Bahn (f)	mitru (m)	مترو
Station (f)	maḥaṭṭa (f)	محطة
mit der U-Bahn fahren	rakib al mitru	ركب المترو
Zug (m)	qiṭār (m)	قطار
Bahnhof (m)	maḥaṭṭat qiṭār (f)	محطة قطار

57. Sehenswürdigkeiten

Denkmal (n)	timθāl (m)	تمثال
Festung (f)	qalʻa (f), ḥiṣn (m)	قلعة، حصن
Palast (m)	qaṣr (m)	قصر
Schloss (n)	qalʻa (f)	قلعة
Turm (m)	burӡ (m)	برج
Mausoleum (n)	ḍarīḥ (m)	ضريح
Architektur (f)	handasa miʻmāriyya (f)	هندسة معماريّة
mittelalterlich	min al qurūn al wusṭa	من القرون الوسطى
alt (antik)	qadīm	قديم
national	waṭaniy	وطنيّ
berühmt	maʃhūr	مشهور
Tourist (m)	sāʼiḥ (m)	سائح
Fremdenführer (m)	murʃid (m)	مرشد

Ausflug (m)	ʒawla (f)	جولة
zeigen (vt)	ʿaraḍ	عرض
erzählen (vt)	ḥaddaθ	حدث

finden (vt)	waʒad	وجد
sich verlieren	ḍāʿ	ضاع
Karte (U-Bahn ~)	xarīṭa (f)	خريطة
Karte (Stadt-)	xarīṭa (f)	خريطة

Souvenir (n)	tiðkār (m)	تذكار
Souvenirladen (m)	maḥall hadāya (m)	محلّ هدايا
fotografieren (vt)	ṣawwar	صوّر
sich fotografieren	taṣawwar	تصوّر

58. Shopping

kaufen (vt)	iʃtara	إشترى
Einkauf (m)	ʃayʾ (m)	شيء
einkaufen gehen	iʃtara	إشترى
Einkaufen (n)	ʃubinɣ (m)	شوبينغ

| offen sein (Laden) | maftūḥ | مفتوح |
| zu sein | muɣlaq | مغلق |

Schuhe (pl)	aḥðiya (pl)	أحذية
Kleidung (f)	malābis (pl)	ملابس
Kosmetik (f)	mawādd at taʒmīl (pl)	موادّ التجميل
Lebensmittel (pl)	maʾkūlāt (pl)	مأكولات
Geschenk (n)	hadiyya (f)	هديّة

| Verkäufer (m) | bāʾiʿ (m) | بائع |
| Verkäuferin (f) | bāʾiʿa (f) | بائعة |

Kasse (f)	ṣundūʾ ad dafʿ (m)	صندوق الدفع
Spiegel (m)	mirʾāt (f)	مرآة
Ladentisch (m)	minḍada (f)	منضدة
Umkleidekabine (f)	ɣurfat al qiyās (f)	غرفة القياس

anprobieren (vt)	ʒarrab	جرّب
passen (Schuhe, Kleid)	nāsab	ناسب
gefallen (vi)	aʿʒab	أعجب

Preis (m)	siʿr (m)	سعر
Preisschild (n)	tikit as siʿr (m)	تيكت السعر
kosten (vt)	kallaf	كلّف
Wie viel?	bikam?	بكم؟
Rabatt (m)	xaṣm (m)	خصم

preiswert	ɣayr ɣāli	غير غال
billig	raxīṣ	رخيص
teuer	ɣāli	غال
Das ist teuer	haða ɣāli	هذا غال
Verleih (m)	istiʾʒār (m)	إستئجار
leihen, mieten (ein Auto usw.)	istaʾʒar	إستأجر

Kredit (m), Darlehen (n)	i'timān (m)	إئتمان
auf Kredit	bid dayn	بالدين

59. Geld

Geld (n)	nuqūd (pl)	نقود
Austausch (m)	taḥwīl 'umla (m)	تحويل عملة
Kurs (m)	si'r aṣ ṣarf (m)	سعر الصرف
Geldautomat (m)	ṣarrāf 'āliy (m)	صرّاف آليّ
Münze (f)	qiṭ'a naqdiyya (f)	قطعة نقدية
Dollar (m)	dulār (m)	دولار
Euro (m)	yuru (m)	يورو
Lira (f)	lira iṭāliyya (f)	ليرة إيطالية
Mark (f)	mark almāniy (m)	مارك ألماني
Franken (m)	frank (m)	فرنك
Pfund Sterling (n)	ʒunayh istirlīniy (m)	جنيه استرلينيّ
Yen (m)	yīn (m)	ين
Schulden (pl)	dayn (m)	دين
Schuldner (m)	mudīn (m)	مدين
leihen (vt)	sallaf	سلّف
leihen, borgen (Geld usw.)	istalaf	إستلف
Bank (f)	bank (m)	بنك
Konto (n)	ḥisāb (m)	حساب
einzahlen (vt)	awda'	أودع
auf ein Konto einzahlen	awda' fil ḥisāb	أودع في الحساب
abheben (vt)	saḥab min al ḥisāb	سحب من الحساب
Kreditkarte (f)	biṭāqat i'timān (f)	بطاقة إئتمان
Bargeld (n)	nuqūd (pl)	نقود
Scheck (m)	ʃīk (m)	شيك
einen Scheck schreiben	katab ʃīk	كتب شيكًا
Scheckbuch (n)	daftar ʃīkāt (m)	دفتر شيكات
Geldtasche (f)	maḥfaẓat ʒīb (f)	محفظة جيب
Geldbeutel (m)	maḥfaẓat fakka (f)	محفظة فكّة
Safe (m)	xizāna (f)	خزانة
Erbe (m)	wāris (m)	وارث
Erbschaft (f)	wirāθa (f)	وراثة
Vermögen (n)	θarwa (f)	ثروة
Pacht (f)	'iʒār (m)	إيجار
Miete (f)	uʒrat as sakan (f)	أجرة السكن
mieten (vt)	ista'ʒar	إستأجر
Preis (m)	si'r (m)	سعر
Kosten (pl)	θaman (m)	ثمن
Summe (f)	mablaɣ (m)	مبلغ
ausgeben (vt)	ṣaraf	صرف
Ausgaben (pl)	maṣārīf (pl)	مصاريف

sparen (vt)	waffar	وفّر
sparsam	muwaffir	موفّر
zahlen (vt)	dafaʻ	دفع
Lohn (m)	dafʻ (m)	دفع
Wechselgeld (n)	al bāqi (m)	الباقي
Steuer (f)	ḍarība (f)	ضريبة
Geldstrafe (f)	ɣarāma (f)	غرامة
bestrafen (vt)	faraḍ ɣarāma	فرض غرامة

60. Post. Postdienst

Post (Postamt)	maktab al barīd (m)	مكتب البريد
Post (Postsendungen)	al barīd (m)	البريد
Briefträger (m)	sāʻi al barīd (m)	ساعي البريد
Öffnungszeiten (pl)	awqāt al ʻamal (pl)	أوقات العمل
Brief (m)	risāla (f)	رسالة
Einschreibebrief (m)	risāla musaʒʒala (f)	رسالة مسجّلة
Postkarte (f)	biṭāqa barīdiyya (f)	بطاقة بريديّة
Telegramm (n)	barqiyya (f)	برقيّة
Postpaket (n)	ṭard (m)	طرد
Geldanweisung (f)	ḥawāla māliyya (f)	حوالة ماليّة
bekommen (vt)	istalam	إستلم
abschicken (vt)	arsal	أرسل
Absendung (f)	irsāl (m)	إرسال
Postanschrift (f)	ʻunwān (m)	عنوان
Postleitzahl (f)	raqm al barīd (m)	رقم البريد
Absender (m)	mursil (m)	مرسل
Empfänger (m)	mursal ilayh (m)	مرسل إليه
Vorname (m)	ism (m)	إسم
Nachname (m)	ism al ʻāʼila (m)	إسم العائلة
Tarif (m)	taʻrīfa (f)	تعريفة
Standard- (Tarif)	ʻādiy	عاديّ
Spar- (-tarif)	muwaffir	موفّر
Gewicht (n)	wazn (m)	وزن
abwiegen (vt)	wazan	وزن
Briefumschlag (m)	ẓarf (m)	ظرف
Briefmarke (f)	ṭābiʻ (m)	طابع
Briefmarke aufkleben	alṣaq ṭābiʻ	ألصق طابعا

Wohnung. Haus. Zuhause

61. Haus. Elektrizität

Elektrizität (f)	kahrabā' (m)	كهرباء
Glühbirne (f)	lamba (f)	لمبة
Schalter (m)	miftāḥ (m)	مفتاح
Sicherung (f)	fāṣima (f)	فاصمة

Draht (m)	silk (m)	سلك
Leitung (f)	aslāk (pl)	أسلاك
Stromzähler (m)	'addād (m)	عدّاد
Zählerstand (m)	qirā'a (f)	قراءة

62. Villa. Schloss

Landhaus (n)	bayt rīfiy (m)	بيت ريفيّ
Villa (f)	villa (f)	فيلا
Flügel (m)	ʒanāḥ (m)	جناح

Garten (m)	ḥadīqa (f)	حديقة
Park (m)	ḥadīqa (f)	حديقة
Orangerie (f)	dafi'a (f)	دفيئة
pflegen (Garten usw.)	ihtamm	إهتمّ

Schwimmbad (n)	masbaḥ (m)	مسبح
Kraftraum (m)	qā'at at tamrīnāt (f)	قاعة التمرينات
Tennisplatz (m)	mal'ab tinis (m)	ملعب تنس
Heimkinoraum (m)	sinima manziliyya (f)	سينما منزليّة
Garage (f)	qarāʒ (m)	جراج

Privateigentum (n)	milkiyya xāṣṣa (f)	ملكيّة خاصّة
Privatgrundstück (n)	arḍ xāṣṣa (m)	أرض خاصّة

Warnung (f)	taḥðīr (m)	تحذير
Warnschild (n)	lāfitat taḥðīr (f)	لافتة تحذير

Bewachung (f)	ḥirāsa (f)	حراسة
Wächter (m)	ḥāris amn (m)	حارس أمن
Alarmanlage (f)	ʒihāð inðār (m)	جهاز انذار

63. Wohnung

Wohnung (f)	ʃaqqa (f)	شقّة
Zimmer (n)	ɣurfa (f)	غرفة
Schlafzimmer (n)	ɣurfat an nawm (f)	غرفة النوم

Esszimmer (n)	ɣurfat il akl (f)	غرفة الأكل
Wohnzimmer (n)	ṣālat al istiqbāl (f)	صالة الإستقبال
Arbeitszimmer (n)	maktab (m)	مكتب
Vorzimmer (n)	madχal (m)	مدخل
Badezimmer (n)	ḥammām (m)	حمّام
Toilette (f)	ḥammām (m)	حمّام
Decke (f)	saqf (m)	سقف
Fußboden (m)	arḍ (f)	أرض
Ecke (f)	zāwiya (f)	زاوية

64. Möbel. Innenausstattung

Möbel (n)	aθāθ (m)	أثاث
Tisch (m)	maktab (m)	مكتب
Stuhl (m)	kursiy (m)	كرسيّ
Bett (n)	sarīr (m)	سرير
Sofa (n)	kanaba (f)	كنبة
Sessel (m)	kursiy (m)	كرسيّ
Bücherschrank (m)	χizānat kutub (f)	خزانة كتب
Regal (n)	raff (m)	رفّ
Schrank (m)	dūlāb (m)	دولاب
Hakenleiste (f)	ʃammāʻa (f)	شمّاعة
Kleiderständer (m)	ʃammāʻa (f)	شمّاعة
Kommode (f)	dulāb adrāʒ (m)	دولاب أدراج
Couchtisch (m)	ṭāwilat al qahwa (f)	طاولة القهوة
Spiegel (m)	mir'āt (f)	مرآة
Teppich (m)	siʒāda (f)	سجادة
Matte (kleiner Teppich)	siʒāda (f)	سجادة
Kamin (m)	midfa'a ḥā'iṭiyya (f)	مدفأة حائطيّة
Kerze (f)	ʃamʻa (f)	شمعة
Kerzenleuchter (m)	ʃamʻadān (m)	شمعدان
Vorhänge (pl)	satā'ir (pl)	ستائر
Tapete (f)	waraq ḥīṭān (m)	ورق حيطان
Jalousie (f)	haṣīrat ʃubbāk (f)	حصيرة شبّاك
Tischlampe (f)	miṣbāḥ aṭ ṭāwila (m)	مصباح الطاولة
Leuchte (f)	miṣbāḥ al ḥā'iṭ (f)	مصباح الحائط
Stehlampe (f)	miṣbāḥ arḍiy (m)	مصباح أرضيّ
Kronleuchter (m)	naʒafa (f)	نجفة
Bein (Tischbein usw.)	riʒl (f)	رجل
Armlehne (f)	masnad (m)	مسند
Lehne (f)	masnad (m)	مسند
Schublade (f)	durʒ (m)	درج

65. Bettwäsche

Bettwäsche (f)	bayāḍāt as sarīr (pl)	بياضات السرير
Kissen (n)	wisāda (f)	وسادة
Kissenbezug (m)	kīs al wisāda (m)	كيس الوسادة
Bettdecke (f)	batṭāniyya (f)	بطَانيَة
Laken (n)	milāya (f)	ملاية
Tagesdecke (f)	ɣiṭā' as sarīr (m)	غطاء السرير

66. Küche

Küche (f)	maṭbaχ (m)	مطبخ
Gas (n)	ɣāz (m)	غاز
Gasherd (m)	butuɣāz (m)	بوتوغاز
Elektroherd (m)	furn kaharabā'iy (m)	فرن كهربائيّ
Backofen (m)	furn (m)	فرن
Mikrowellenherd (m)	furn al mikruwayv (m)	فرن الميكروويف
Kühlschrank (m)	θallāʒa (f)	ثلاجة
Tiefkühltruhe (f)	frīzir (m)	فريزر
Geschirrspülmaschine (f)	ɣassāla (f)	غسّالة
Fleischwolf (m)	farrāmat laḥm (f)	فرامة لحم
Saftpresse (f)	'aṣṣāra (f)	عصّارة
Toaster (m)	maḥmaṣat χubz (f)	محمصة خبز
Mixer (m)	χallāṭ (m)	خلّاط
Kaffeemaschine (f)	mākinat ṣan' al qahwa (f)	ماكينة صنع القهوة
Kaffeekanne (f)	kanaka (f)	كنكة
Kaffeemühle (f)	maṭhanat qahwa (f)	مطحنة قهوة
Wasserkessel (m)	barrād (m)	برّاد
Teekanne (f)	barrād aʃ ʃāy (m)	برّاد الشاي
Deckel (m)	ɣiṭā' (m)	غطاء
Teesieb (n)	miṣfāt (f)	مصفاة
Löffel (m)	mil'aqa (f)	ملعقة
Teelöffel (m)	mil'aqat ʃāy (f)	ملعقة شاي
Esslöffel (m)	mil'aqa kabīra (f)	ملعقة كبيرة
Gabel (f)	ʃawka (f)	شوكة
Messer (n)	sikkīn (f)	سكّين
Geschirr (n)	ṣuḥūn (pl)	صحون
Teller (m)	ṭabaq (m)	طبق
Untertasse (f)	ṭabaq finʒān (m)	طبق فنجان
Schnapsglas (n)	ka's (f)	كأس
Glas (n)	kubbāya (f)	كبّاية
Tasse (f)	finʒān (m)	فنجان
Zuckerdose (f)	sukkariyya (f)	سكّريّة
Salzstreuer (m)	mamlaḥa (f)	مملحة
Pfefferstreuer (m)	mabhara (f)	مبهرة

Butterdose (f)	ṣuḥn zubda (m)	صحن زبدة
Kochtopf (m)	kassirūlla (f)	كاسرولة
Pfanne (f)	ṭāsa (f)	طاسة
Schöpflöffel (m)	miɣrafa (f)	مغرفة
Durchschlag (m)	miṣfāt (f)	مصفاة
Tablett (n)	ṣīniyya (f)	صينيّة

Flasche (f)	zuʒāʒa (f)	زجاجة
Glas (Einmachglas)	barṭamān (m)	برطمان
Dose (f)	tanaka (f)	تنكة

Flaschenöffner (m)	fattāḥa (f)	فتّاحة
Dosenöffner (m)	fattāḥa (f)	فتّاحة
Korkenzieher (m)	barrīma (f)	بريمة
Filter (n)	filtir (m)	فلتر
filtern (vt)	ṣaffa	صفّى

| Müll (m) | zubāla (f) | زبالة |
| Mülleimer, Treteimer (m) | ṣundūq az zubāla (m) | صندوق الزبالة |

67. Bad

Badezimmer (n)	ḥammām (m)	حمّام
Wasser (n)	mā' (m)	ماء
Wasserhahn (m)	ḥanafiyya (f)	حنفيّة
Warmwasser (n)	mā' sāxin (m)	ماء ساخن
Kaltwasser (n)	mā' bārid (m)	ماء بارد

Zahnpasta (f)	ma'ʒūn asnān (m)	معجون أسنان
Zähne putzen	nazzạf al asnān	نظف الأسنان
Zahnbürste (f)	furʃat asnān (f)	فرشة أسنان

sich rasieren	ḥalaq	حلق
Rasierschaum (m)	raɣwa lil ḥilāqa (f)	رغوة للحلاقة
Rasierer (m)	mūs ḥilāqa (m)	موس حلاقة

waschen (vt)	ɣasal	غسل
sich waschen	istaḥamm	إستحمّ
Dusche (f)	dūʃ (m)	دوش
sich duschen	axað ad duʃ	أخذ الدش

Badewanne (f)	ḥawḍ istiḥmām (m)	حوض استحمام
Klosettbecken (n)	mirḥāḍ (m)	مرحاض
Waschbecken (n)	ḥawḍ (m)	حوض

| Seife (f) | ṣābūn (m) | صابون |
| Seifenschale (f) | ṣabbāna (f) | صبّانة |

Schwamm (m)	līfa (f)	ليفة
Shampoo (n)	ʃāmbū (m)	شامبو
Handtuch (n)	fūṭa (f)	فوطة
Bademantel (m)	θawb ḥammām (m)	ثوب حمّام
Wäsche (f)	ɣasīl (m)	غسيل
Waschmaschine (f)	ɣassāla (f)	غسّالة

waschen (vt)	ɣasal al malābis	غسل الملابس
Waschpulver (n)	mashūq ɣasīl (m)	مسحوق غسيل

68. Haushaltsgeräte

Fernseher (m)	tilivizyūn (m)	تليفزيون
Tonbandgerät (n)	ʒihāz tasʒīl (m)	جهاز تسجيل
Videorekorder (m)	ʒihāz tasʒīl vidiyu (m)	جهاز تسجيل فيديو
Empfänger (m)	ʒihāz ṛadiyu (m)	جهاز راديو
Player (m)	blayir (m)	بلاير
Videoprojektor (m)	'ārid vidiyu (m)	عارض فيديو
Heimkino (n)	sinima manziliyya (f)	سينما منزليّة
DVD-Player (m)	di vi di (m)	دي في دي
Verstärker (m)	mukabbir aṣ ṣawt (m)	مكبّر الصوت
Spielkonsole (f)	'atāri (m)	أتاري
Videokamera (f)	kamira vidiyu (f)	كاميرا فيديو
Kamera (f)	kamira (f)	كاميرا
Digitalkamera (f)	kamira diʒital (f)	كاميرا ديجيتال
Staubsauger (m)	miknasa kahrabā'iyya (f)	مكنسة كهربائيّة
Bügeleisen (n)	makwāt (f)	مكواة
Bügelbrett (n)	lawḥat kayy (f)	لوحة كيّ
Telefon (n)	hātif (m)	هاتف
Mobiltelefon (n)	hātif maḥmūl (m)	هاتف محمول
Schreibmaschine (f)	'āla katiba (f)	آلة كاتبة
Nähmaschine (f)	'ālat al xiyāṭa (f)	آلة الخياطة
Mikrophon (n)	mikrufūn (m)	ميكروفون
Kopfhörer (m)	sammā'āt ra'siya (pl)	سمّاعات رأسيّة
Fernbedienung (f)	rimuwt kuntrūl (m)	ريموت كنترول
CD (f)	si di (m)	سي دي
Kassette (f)	ʃarīṭ (m)	شريط
Schallplatte (f)	usṭuwāna (f)	أسطوانة

AKTIVITÄTEN DES MENSCHEN

Beruf. Geschäft. Teil 1

69. Büro. Arbeiten im Büro

Büro (Firmensitz)	maktab (m)	مكتب
Büro (~ des Direktors)	maktab (m)	مكتب
Rezeption (f)	istiqbāl (m)	إستقبال
Sekretär (m)	sikirtīr (m)	سكرتير
Direktor (m)	mudīr (m)	مدير
Manager (m)	mudīr (m)	مدير
Buchhalter (m)	muḥāsib (m)	محاسب
Mitarbeiter (m)	muwaẓẓaf (m)	موظف
Möbel (n)	aθāθ (m)	أثاث
Tisch (m)	maktab (m)	مكتب
Schreibtischstuhl (m)	kursiy (m)	كرسي
Rollcontainer (m)	waḥdat adrāʒ (f)	وحدة أدراج
Kleiderständer (m)	ʃammāʿa (f)	شمّاعة
Computer (m)	kumbyūtir (m)	كمبيوتر
Drucker (m)	ṭābiʿa (f)	طابعة
Fax (n)	faks (m)	فاكس
Kopierer (m)	ʾālat nasχ (f)	آلة نسخ
Papier (n)	waraq (m)	ورق
Büromaterial (n)	adawāt al kitāba (pl)	أدوات الكتابة
Mousepad (n)	wisādat faʾra (f)	وسادة فأرة
Blatt (n) Papier	waraqa (f)	ورقة
Ordner (m)	malaff (m)	ملفّ
Katalog (m)	fihris (m)	فهرس
Adressbuch (n)	dalīl at tilifūn (m)	دليل التليفون
Dokumentation (f)	waθāʾiq (pl)	وثائق
Broschüre (f)	naʃra (f)	نشرة
Flugblatt (n)	manʃūr (m)	منشور
Muster (n)	namūðaʒ (m)	نموذج
Training (n)	iʒtimāʿ tadrīb (m)	إجتماع تدريب
Meeting (n)	iʒtimāʿ (m)	إجتماع
Mittagspause (f)	fatrat al ɣadāʾ (f)	فترة الغذاء
eine Kopie machen	ṣawwar	صوّر
vervielfältigen (vt)	ṣawwar	صوّر
ein Fax bekommen	istalam faks	إستلم فاكس
ein Fax senden	arsal faks	أرسل فاكس
anrufen (vt)	ittaṣal	إتّصل

antworten (vi)	radd	رَدّ
verbinden (vt)	waṣṣal	وصّل
ausmachen (vt)	ḥaddad	حدّد
demonstrieren (vt)	ʿaraḍ	عرض
fehlen (am Arbeitsplatz ~)	ɣāb	غاب
Abwesenheit (f)	ɣiyāb (m)	غياب

70. Geschäftsabläufe. Teil 1

Angelegenheit (f)	ʃuɣl (m)	شغل
Firma (f)	ʃarika (f)	شركة
Gesellschaft (f)	ʃarika (f)	شركة
Konzern (m)	muʾassasa tiʒāriyya (f)	مؤسسة تجارية
Unternehmen (n)	ʃarika (f)	شركة
Agentur (f)	wikāla (f)	وكالة
Vereinbarung (f)	ittifāqiyya (f)	إتّفاقيّة
Vertrag (m)	ʿaqd (m)	عقد
Geschäft (Transaktion)	ṣafqa (f)	صفقة
Auftrag (Bestellung)	ṭalab (m)	طلب
Bedingung (f)	ʃarṭ (m)	شرط
en gros (im Großen)	bil ʒumla	بالجملة
Großhandels-	al ʒumla	الجملة
Großhandel (m)	bayʿ bil ʒumla (m)	بيع بالجملة
Einzelhandels-	at taʒziʾa	التجزئة
Einzelhandel (m)	bayʿ bit taʒziʾa (m)	بيع بالتجزئة
Konkurrent (m)	munāfis (m)	منافس
Konkurrenz (f)	munāfasa (f)	منافسة
konkurrieren (vi)	nāfas	نافس
Partner (m)	ʃarīk (m)	شريك
Partnerschaft (f)	ʃirāka (f)	شراكة
Krise (f)	azma (f)	أزمة
Bankrott (m)	iflās (m)	إفلاس
Bankrott machen	aflas	أفلس
Schwierigkeit (f)	ṣuʿūba (f)	صعوبة
Problem (n)	muʃkila (f)	مشكلة
Katastrophe (f)	kāriθa (f)	كارثة
Wirtschaft (f)	iqtiṣād (m)	إقتصاد
wirtschaftlich	iqtiṣādiy	إقتصاديّ
Rezession (f)	rukūd iqtiṣādiy (m)	ركود إقتصاديّ
Ziel (n)	hadaf (m)	هدف
Aufgabe (f)	muhimma (f)	مهمّة
handeln (Handel treiben)	tāʒir	تاجر
Netz (Verkaufs-)	ʃabaka (f)	شبكة
Lager (n)	al maxzūn (m)	المخزون
Sortiment (n)	taʃkīla (f)	تشكيلة

führende Unternehmen (n)	qā'id (m)	قائد
groß (-e Firma)	kabīr	كبير
Monopol (n)	iḥtikār (m)	إحتكار
Theorie (f)	naẓariyya (f)	نظريّة
Praxis (f)	mumārasa (f)	ممارسة
Erfahrung (f)	xibra (f)	خبرة
Tendenz (f)	ittiʒāh (m)	إتجاه
Entwicklung (f)	tanmiya (f)	تنمية

71. Geschäftsabläufe. Teil 2

Vorteil (m)	ribḥ (m)	ربح
vorteilhaft	murbiḥ	مربح
Delegation (f)	wafd (m)	وفد
Lohn (m)	murattab (m)	مرتّب
korrigieren (vt)	ṣaḥḥaḥ	صحّح
Dienstreise (f)	riḥlat 'amal (f)	رحلة عمل
Kommission (f)	laʒna (f)	لجنة
kontrollieren (vt)	taḥakkam	تحكّم
Konferenz (f)	mu'tamar (m)	مؤتمر
Lizenz (f)	ruxṣa (f)	رخصة
zuverlässig	mawθūq	موثوق
Initiative (f)	mubādara (f)	مبادرة
Norm (f)	miʻyār (m)	معيار
Umstand (m)	ẓarf (m)	ظرف
Pflicht (f)	wāʒib (m)	واجب
Unternehmen (n)	munaẓẓama (f)	منظّمة
Organisation (Prozess)	tanẓīm (m)	تنظيم
organisiert (Adj)	munaẓẓam	منظّم
Abschaffung (f)	ilɣā' (m)	إلغاء
abschaffen (vt)	alɣa	ألغى
Bericht (m)	taqrīr (m)	تقرير
Patent (n)	bara'at al ixtirāʻ (f)	براءة الإختراع
patentieren (vt)	saʒʒal barā'at al ixtirāʻ	سجّل براءة الإختراع
planen (vt)	xaṭṭaṭ	خطّط
Prämie (f)	ʻilāwa (f)	علاوة
professionell	mihaniy	مهني
Prozedur (f)	iʒrā' (m)	إجراء
prüfen (Vertrag ~)	baḥaθ	بحث
Berechnung (f)	ḥisāb (m)	حساب
Ruf (m)	sumʻa (f)	سمعة
Risiko (n)	muxāṭara (f)	مخاطرة
leiten (vt)	adār	أدار
Informationen (pl)	maʻlūmāt (pl)	معلومات
Eigentum (n)	milkiyya (f)	ملكيّة

Bund (m)	ittihād (m)	إتّحاد
Lebensversicherung (f)	ta'mīn 'alal hayāt (m)	تأمين على الحياة
versichern (vt)	amman	أمّن
Versicherung (f)	ta'mīn (m)	تأمين
Auktion (f)	mazād (m)	مزاد
benachrichtigen (vt)	ablaɣ	أبلغ
Verwaltung (f)	idāra (f)	إدارة
Dienst (m)	χidma (f)	خدمة
Forum (n)	nadwa (f)	ندوة
funktionieren (vi)	adda waẓīfa	أدّى وظيفته
Etappe (f)	marhala (f)	مرحلة
juristisch	qānūniy	قانونيّ
Jurist (m)	muhāmi (m)	محام

72. Fertigung. Arbeiten

Werk (n)	maṣnaʿ (m)	مصنع
Fabrik (f)	maṣnaʿ (m)	مصنع
Werkstatt (f)	warʃa (f)	ورشة
Betrieb (m)	maṣnaʿ (m)	مصنع
Industrie (f)	ṣināʿa (f)	صناعة
Industrie-	ṣināʿiy	صناعيّ
Schwerindustrie (f)	ṣināʿa θaqīla (f)	صناعة ثقيلة
Leichtindustrie (f)	ṣināʿa χafīfa (f)	صناعة خفيفة
Produktion (f)	muntaʒāt (pl)	منتجات
produzieren (vt)	antaʒ	أنتج
Rohstoff (m)	mawādd χām (pl)	موادّ خام
Vorarbeiter (m), Meister (m)	raʔīs al ʿummāl (m)	رئيس العمّال
Arbeitsteam (n)	farīq al ʿummāl (m)	فريق العمّال
Arbeiter (m)	ʿāmil (m)	عامل
Arbeitstag (m)	yawm ʿamal (m)	يوم عمل
Pause (f)	rāha (f)	راحة
Versammlung (f)	iʒtimāʿ (m)	إجتماع
besprechen (vt)	nāqaʃ	ناقش
Plan (m)	χiṭṭa (f)	خطّة
den Plan erfüllen	naffað al χuṭṭa	نفّذ الخطّة
Arbeitsertrag (m)	muʿaddal al intāʒ (m)	معدّل الإنتاج
Qualität (f)	ʒawda (f)	جودة
Prüfung, Kontrolle (f)	taftīʃ (m)	تفتيش
Gütekontrolle (f)	ḍabṭ al ʒawda (m)	ضبط الجودة
Arbeitsplatzsicherheit (f)	salāmat makān al ʿamal (f)	سلامة مكان العمل
Disziplin (f)	inḍibāṭ (m)	إنضباط
Übertretung (f)	muχālafa (f)	مخالفة
übertreten (vt)	χālaf	خالف
Streik (m)	iḍrāb (m)	إضراب
Streikender (m)	muḍrib (m)	مضرب

streiken (vi)	aḍrab	أضرب
Gewerkschaft (f)	ittiḥād al 'ummāl (m)	إتّحاد العمّال

erfinden (vt)	ixtara'	إختزع
Erfindung (f)	ixtirā' (m)	إختراع
Erforschung (f)	baḥθ (m)	بحث
verbessern (vt)	ḥassan	حسّن
Technologie (f)	tiknulūʒiya (f)	تكنولوجيا
technische Zeichnung (f)	rasm taqniy (m)	رسم تقني

Ladung (f)	ʃaḥn (m)	شحن
Ladearbeiter (m)	ḥammāl (m)	حمّال
laden (vt)	ʃaḥan	شحن
Beladung (f)	taḥmīl (m)	تحميل
entladen (vt)	afraɣ	أفرغ
Entladung (f)	ifrāɣ (m)	إفراغ

Transport (m)	wasā'il an naql (pl)	وسائل النقل
Transportunternehmen (n)	ʃarikat naql (f)	شركة نقل
transportieren (vt)	naqal	نقل

Güterwagen (m)	'arabat ʃaḥn (f)	عربة شحن
Zisterne (f)	xazzān (m)	خزّان
Lastkraftwagen (m)	ʃāḥina (f)	شاحنة

Werkzeugmaschine (f)	mākina (f)	ماكنة
Mechanismus (m)	'āliyya (f)	آليّة

Industrieabfälle (pl)	muxallafāt ṣinā'iyya (pl)	مخلّفات صناعية
Verpacken (n)	ta'bi'a (f)	تعبئة
verpacken (vt)	'abba'	عبّأ

73. Vertrag. Zustimmung

Vertrag (m), Auftrag (m)	'aqd (m)	عقد
Vereinbarung (f)	ittifāq (m)	إتّفاق
Anhang (m)	mulḥaq (m)	ملحق

einen Vertrag abschließen	waqqa' 'ala 'aqd	وقّع على عقد
Unterschrift (f)	tawqī' (m)	توقيع
unterschreiben (vt)	waqqa'	وقّع
Stempel (m)	xatm (m)	ختم

Vertragsgegenstand (m)	mawḍū' al 'aqd (m)	موضوع العقد
Punkt (m)	band (m)	بند
Parteien (pl)	aṭrāf (pl)	أطراف
rechtmäßige Anschrift (f)	'unwān qānūniy (m)	عنوان قانوني

Vertrag brechen	xālaf al 'aqd	خالف العقد
Verpflichtung (f)	iltizām (m)	إلتزام
Verantwortlichkeit (f)	mas'ūliyya (f)	مسؤوليّة
Force majeure (f)	quwwa qāhira (f)	قوّة قاهرة
Streit (m)	xilāf (m)	خلاف
Strafsanktionen (pl)	'uqūbāt (pl)	عقوبات

74. Import & Export

Import (m)	istīrād (m)	إستيراد
Importeur (m)	mustawrid (m)	مستورد
importieren (vt)	istawrad	إستورد
Import-	wārid	وارد
Export (m)	taṣdīr (m)	تصدير
Exporteur (m)	muṣaddir (m)	مصدّر
exportieren (vt)	ṣaddar	صدّر
Export-	sādir	صادر
Waren (pl)	baḍā'i' (pl)	بضائع
Partie (f), Ladung (f)	ʃahna (f)	شحنة
Gewicht (n)	wazn (m)	وزن
Volumen (n)	ḥaʒm (m)	حجم
Kubikmeter (m)	mitr muka''ab (m)	متر مكعّب
Hersteller (m)	aʃ ʃarika al muṣni'a (f)	الشركة المصنعة
Transportunternehmen (n)	ʃarikat naql (f)	شركة نقل
Container (m)	ḥāwiya (f)	حاوية
Grenze (f)	ḥadd (m)	حدّ
Zollamt (n)	ʒamārik (pl)	جمارك
Zoll (m)	rasm ʒumrukiy (m)	رسم جمركيّ
Zollbeamter (m)	muwazzaf al ʒamārik (m)	موظّف الجمارك
Schmuggel (m)	tahrīb (m)	تهريب
Schmuggelware (f)	biḍā'a muharraba (pl)	بضاعة مهرّبة

75. Finanzen

Aktie (f)	sahm (m)	سهم
Obligation (f)	sanad (m)	سند
Wechsel (m)	kimbyāla (f)	كمبيالة
Börse (f)	būrṣa (f)	بورصة
Aktienkurs (m)	si'r as sahm (m)	سعر السهم
billiger werden	raxuṣ	رخص
teuer werden	ɣala	غلى
Anteil (m)	naṣīb (m)	نصيب
Mehrheitsbeteiligung (f)	al maʒmū'a al musayṭara (f)	المجموعة المسيطرة
Investitionen (pl)	istiθmār (pl)	إستثمار
investieren (vt)	istaθmar	إستثمر
Prozent (n)	bil mi'a (m)	بالمئة
Zinsen (pl)	fa'ida (f)	فائدة
Gewinn (m)	ribḥ (m)	ربح
gewinnbringend	murbiḥ	مربح
Steuer (f)	ḍarība (f)	ضريبة
Währung (f)	'umla (f)	عملة

Landes-	waṭaniy	وطنيّ
Geldumtausch (m)	taḥwīl (m)	تحويل
Buchhalter (m)	muḥāsib (m)	محاسب
Buchhaltung (f)	maḥasaba (f)	محاسبة
Bankrott (m)	iflās (m)	إفلاس
Zusammenbruch (m)	inhiyār (m)	إنهيار
Pleite (f)	iflās (m)	إفلاس
pleite gehen	aflas	أفلس
Inflation (f)	tadaxxum māliy (m)	تضخّم ماليّ
Abwertung (f)	taxfīḍ qīmat ʿumla (m)	تخفيض قيمة عملة
Kapital (n)	raʾs māl (m)	رأس مال
Einkommen (n)	daxl (m)	دخل
Umsatz (m)	dawrat raʾs al māl (f)	دورة رأس المال
Mittel (Reserven)	mawārid (pl)	موارد
Geldmittel (pl)	al mawārid an naqdiyya (pl)	الموارد النقديّة
Gemeinkosten (pl)	nafaqāt ʿāmma (pl)	نفقات عامّة
reduzieren (vt)	xaffaḍ	خفّض

76. Marketing

Marketing (n)	taswīq (m)	تسويق
Markt (m)	sūq (f)	سوق
Marktsegment (n)	qaṭāʿ as sūq (m)	قطاع السوق
Produkt (n)	muntaǧ (m)	منتج
Waren (pl)	baḍāʾiʿ (pl)	بضائع
Schutzmarke (f)	mārka (f)	ماركة
Handelsmarke (f)	mārka tiǧāriyya (f)	ماركة تجاريّة
Firmenzeichen (n)	ʃiʿār (m)	شعار
Logo (n)	ʃiʿār (m)	شعار
Nachfrage (f)	ṭalab (m)	طلب
Angebot (f)	maxzūn (m)	مخزون
Bedürfnis (n)	ḥāǧa (f)	حاجة
Verbraucher (m)	mustahlik (m)	مستهلك
Analyse (f)	taḥlīl (m)	تحليل
analysieren (vt)	ḥallal	حلّل
Positionierung (f)	waḍʿ (m)	وضع
positionieren (vt)	waḍaʿ	وضع
Preis (m)	siʿr (m)	سعر
Preispolitik (f)	siyāsat al asʿār (f)	سياسة الأسعار
Preisbildung (f)	taʃkīl al asʿār (m)	تشكيل الأسعار

77. Werbung

Werbung (f)	iʿlān (m)	إعلان
werben (vt)	aʿlan	أعلن

Budget (n)	mīzāniyya (f)	ميزانية
Werbeanzeige (f)	iʻlān (m)	إعلان
Fernsehwerbung (f)	iʻlān fit tiliviziyūn (m)	إعلان في التليفزيون
Radiowerbung (f)	iʻlān fir rādiyu (m)	إعلان في الراديو
Außenwerbung (f)	iʻlān ẓāhiriy (m)	إعلان ظاهري
Massenmedien (pl)	wasāʼil al iʻlām (pl)	وسائل الإعلام
Zeitschrift (f)	ṣaḥifa dawriyya (f)	صحيفة دورية
Image (n)	imiʒ (m)	إيميج
Losung (f)	ʃiʻār (m)	شعار
Motto (n)	ʃiʻār (m)	شعار
Kampagne (f)	ḥamla (f)	حملة
Werbekampagne (f)	ḥamla iʻlāniyya (f)	حملة إعلانية
Zielgruppe (f)	maʒmūʻa mustahdafa (f)	مجموعة مستهدفة
Visitenkarte (f)	biṭāqat al ʻamal (f)	بطاقة العمل
Flugblatt (n)	manʃūr (m)	منشور
Broschüre (f)	naʃra (f)	نشرة
Faltblatt (n)	kutayyib (m)	كتيب
Informationsblatt (n)	naʃra ixbāriyya (f)	نشرة إخبارية
Firmenschild (n)	lāfita (f)	لافتة
Plakat (n)	mulṣaq iʻlāniy (m)	ملصق إعلاني
Werbeschild (n)	lawḥat iʻlānāt (f)	لوحة إعلانات

78. Bankgeschäft

Bank (f)	bank (m)	بنك
Filiale (f)	farʻ (m)	فرع
Berater (m)	muwaẓẓaf bank (m)	موظف بنك
Leiter (m)	mudīr (m)	مدير
Konto (n)	ḥisāb (m)	حساب
Kontonummer (f)	raqm al ḥisāb (m)	رقم الحساب
Kontokorrent (n)	ḥisāb ʒāri (m)	حساب جار
Sparkonto (n)	ḥisāb tawfīr (m)	حساب توفير
ein Konto eröffnen	fataḥ ḥisāb	فتح حسابا
das Konto schließen	aɣlaq ḥisāb	أغلق حسابا
einzahlen (vt)	awdaʻ fil ḥisāb	أودع في الحساب
abheben (vt)	saḥab min al ḥisāb	سحب من الحساب
Einzahlung (f)	wadīʻa (f)	وديعة
eine Einzahlung machen	awdaʻ	أودع
Überweisung (f)	ḥawāla (f)	حوالة
überweisen (vt)	ḥawwal	حول
Summe (f)	mablaɣ (m)	مبلغ
Wieviel?	kam?	كم؟
Unterschrift (f)	tawqīʻ (m)	توقيع
unterschreiben (vt)	waqqaʻ	وقع

Kreditkarte (f)	biṭāqat i'timān (f)	بطاقة ائتمان
Code (m)	kūd (m)	كود
Kreditkartennummer (f)	raqm biṭāqat i'timān (m)	رقم بطاقة إئتمان
Geldautomat (m)	ṣarrāf 'āliy (m)	صرّاف آلي
Scheck (m)	ʃīk (m)	شيك
einen Scheck schreiben	katab ʃīk	كتب شيكًا
Scheckbuch (n)	daftar ʃīkāt (m)	دفتر شيكات
Darlehen (m)	qarḍ (m)	قرض
ein Darlehen beantragen	qaddam ṭalab lil ḥuṣūl 'ala qarḍ	قدّم طلبا للحصول على قرض
ein Darlehen aufnehmen	ḥaṣal 'ala qarḍ	حصل على قرض
ein Darlehen geben	qaddam qarḍ	قدّم قرضا
Sicherheit (f)	ḍamān (m)	ضمان

79. Telefon. Telefongespräche

Telefon (n)	hātif (m)	هاتف
Mobiltelefon (n)	hātif maḥmūl (m)	هاتف محمول
Anrufbeantworter (m)	muʒīb al hātif (m)	مجيب الهاتف
anrufen (vt)	ittaṣal	إتصل
Anruf (m)	mukālama tilifuniyya (f)	مكالمة تليفونية
eine Nummer wählen	ittaṣal bi raqm	إتصل برقم
Hallo!	alu!	ألو!
fragen (vt)	sa'al	سأل
antworten (vi)	radd	ردّ
hören (vt)	sami'	سمع
gut (~ aussehen)	ʒayyidan	جيّدا
schlecht (Adv)	sayyi'an	سيّئًا
Störungen (pl)	taʃwīʃ (m)	تشويش
Hörer (m)	sammā'a (f)	سمّاعة
den Hörer abnehmen	rafa' as sammā'a	رفع السمّاعة
auflegen (den Hörer ~)	qafal as sammā'a	قفل السمّاعة
besetzt	maʃɣūl	مشغول
läuten (vi)	rann	رنّ
Telefonbuch (n)	dalīl at tilifūn (m)	دليل التليفون
Orts-	maḥalliyya	محلّية
Ortsgespräch (n)	mukālama hātifiyya maḥalliyya (f)	مكالمة هاتفيّة محلّيّة
Auslands-	duwaliy	دولي
Auslandsgespräch (n)	mukālama duwaliyya (f)	مكالمة دوليّة
Fern-	ba'īd al mada	بعيد المدى
Ferngespräch (n)	mukālama ba'īdat al mada (f)	مكالمة بعيدة المدى

80. Mobiltelefon

Mobiltelefon (n)	hātif maḥmūl (m)	هاتف محمول
Display (n)	ʒihāz ʿarḍ (m)	جهاز عرض
Knopf (m)	zirr (m)	زر
SIM-Karte (f)	sim kart (m)	سيم كارت
Batterie (f)	baṭṭāriyya (f)	بطّاريّة
leer sein (Batterie)	xalaṣat	خلصت
Ladegerät (n)	ʃāḥın (m)	شاحن
Menü (n)	qāʾima (f)	قائمة
Einstellungen (pl)	awḍāʿ (pl)	أوضاع
Melodie (f)	naɣma (f)	نغمة
auswählen (vt)	ixtār	إختار
Rechner (m)	ʾāla ḥāsiba (f)	آلة حاسبة
Anrufbeantworter (m)	barīd ṣawtiy (m)	بريد صوتيّ
Wecker (m)	munabbih (m)	منبّه
Kontakte (pl)	ʒihāt al ittiṣāl (pl)	جهات الإتّصال
SMS-Nachricht (f)	risāla qaṣīra εsεmεs (f)	رسالة قصيرة sms
Teilnehmer (m)	muʃtarik (m)	مشترك

81. Bürobedarf

Kugelschreiber (m)	qalam ʒāf (m)	قلم جاف
Federhalter (m)	qalam rīʃa (m)	قلم ريشة
Bleistift (m)	qalam ruṣāṣ (m)	قلم رصاص
Faserschreiber (m)	markir (m)	ماركر
Filzstift (m)	qalam xaṭṭāṭ (m)	قلم خطّاط
Notizblock (m)	muðakkira (f)	مذكّرة
Terminkalender (m)	ʒadwal al aʿmāl (m)	جدول الأعمال
Lineal (n)	masṭara (f)	مسطرة
Rechner (m)	ʾāla ḥāsiba (f)	آلة حاسبة
Radiergummi (m)	astīka (f)	استيكة
Reißzwecke (f)	dabbūs (m)	دبّوس
Heftklammer (f)	dabbūs waraq (m)	دبّوس ورق
Klebstoff (m)	ṣamɣ (m)	صمغ
Hefter (m)	dabbāsa (f)	دبّاسة
Locher (m)	xarrāma (f)	خرّامة
Bleistiftspitzer (m)	mibrāt (f)	مبراة

82. Geschäftsarten

Buchführung (f)	xidamāt muḥasaba (pl)	خدمات محاسبة
Werbung (f)	iʿlān (m)	إعلان

Werbeagentur (f)	wikālat i'lān (f)	وكالة إعلان
Klimaanlagen (pl)	takyīf (m)	تكييف
Fluggesellschaft (f)	ʃarikat ṭayarān (f)	شركة طيران
Spirituosen (pl)	maʃrūbāt kuḥūliyya (pl)	مشروبات كحوليّة
Antiquitäten (pl)	tuḥaf (pl)	تحف
Kunstgalerie (f)	ma'raḍ fanniy (m)	معرض فنّيّ
Rechnungsprüfung (f)	tadqīq al ḥisābāt (pl)	تدقيق الحسابات
Bankwesen (n)	al qiṭā' al maṣrafiy (m)	القطاع المصرفي
Bar (f)	bār (m)	بار
Schönheitssalon (m)	ṣālūn taʒmīl (m)	صالون تجميل
Buchhandlung (f)	maḥall kutub (m)	محلّ كتب
Bierbrauerei (f)	maṣna' bīra (m)	مصنع بيرة
Bürogebäude (n)	markaz tiʒāriy (m)	مركز تجاريّ
Business-Schule (f)	kulliyyat idārat al a'māl (f)	كلّيّة إدارة الأعمال
Kasino (n)	kazinu (m)	كازينو
Bau (m)	binā' (m)	بناء
Beratung (f)	istiʃāra (f)	إستشارة
Stomatologie (f)	'iyādat asnān (f)	عيادة أسنان
Design (n)	taṣmīm (m)	تصميم
Apotheke (f)	ṣaydaliyya (f)	صيدليّة
chemische Reinigung (f)	tanẓīf ʒāff (m)	تنظيف جافّ
Personalagentur (f)	wikālat tawẓīf (f)	وكالة توظيف
Finanzdienstleistungen (pl)	xidamāt māliyya (pl)	خدمات ماليّة
Nahrungsmittel (pl)	mawādd xiðā'iyya (pl)	موادّ غذائيّة
Bestattungsinstitut (n)	bayt al ʒanāzāt (m)	بيت الجنازات
Möbel (n)	aθāθ (m)	أثاث
Kleidung (f)	malābis (pl)	ملابس
Hotel (n)	funduq (m)	فندق
Eis (n)	muθallaʒāt (pl)	مثلّجات
Industrie (f)	ṣinā'a (f)	صناعة
Versicherung (f)	ta'mīn (m)	تأمين
Internet (n)	intirnit (m)	إنترنت
Investitionen (pl)	istiθmārāt (pl)	إستثمارات
Juwelier (m)	ṣā'iɣ (m)	صائغ
Juwelierwaren (pl)	muʒawharāt (pl)	مجوهرات
Wäscherei (f)	maɣsala (f)	مغسلة
Rechtsberatung (f)	xidamāt qānūniyya (pl)	خدمات قانونيّة
Leichtindustrie (f)	ṣinā'a xafīfa (f)	صناعة خفيفة
Zeitschrift (f)	maʒalla (f)	مجلّة
Versandhandel (m)	bay' bil barīd (m)	بيع بالبريد
Medizin (f)	ṭibb (m)	طبّ
Kino (Filmtheater)	sinima (f)	سينما
Museum (n)	matḥaf (m)	متحف
Nachrichtenagentur (f)	wikālat anbā' (f)	وكالة أنباء
Zeitung (f)	ʒarīda (f)	جريدة
Nachtklub (m)	malha layliy (m)	ملهى ليليّ
Erdöl (n)	nafṭ (m)	نفط

Kurierdienst (m)	xidamāt aʃ ʃaḥn (pl)	خدمات الشحن
Pharmaindustrie (f)	ṣaydala (f)	صيدلة
Druckindustrie (f)	ṭibāʿa (f)	طباعة
Verlag (m)	dār aṭ ṭibāʿa wan naʃr (f)	دار الطباعة والنشر
Rundfunk (m)	iðāʿa (f)	إذاعة
Immobilien (pl)	ʿiqārāt (pl)	عقارات
Restaurant (n)	maṭʿam (m)	مطعم
Sicherheitsagentur (f)	ʃarikat amn (f)	شركة أمن
Sport (m)	riyāḍa (f)	رياضة
Börse (f)	būrṣa (f)	بورصة
Laden (m)	maḥall (m)	محلّ
Supermarkt (m)	subirmarkit (m)	سوبرماركت
Schwimmbad (n)	masbaḥ (m)	مسبح
Atelier (n)	ṣālūn (m)	صالون
Fernsehen (n)	tilivizyūn (m)	تليفزيون
Theater (n)	masraḥ (m)	مسرح
Handel (m)	tiʒāra (f)	تجارة
Transporte (pl)	wasāʾil an naql (pl)	وسائل النقل
Reisen (pl)	siyāḥa (f)	سياحة
Tierarzt (m)	ṭabīb bayṭariy (m)	طبيب بيطريّ
Warenlager (n)	mustawdaʿ (m)	مستودع
Müllabfuhr (f)	ʒamʿ an nufāyāt (m)	جمع النفايات

Arbeit. Geschäft. Teil 2

83. Show. Ausstellung

Ausstellung (f)	ma'raḍ (m)	معرض
Handelsausstellung (f)	ma'raḍ tiʒāriy (m)	معرض تجاريّ
Teilnahme (f)	iʃtirāk (m)	إشتراك
teilnehmen (vi)	iʃtarak	إشترك
Teilnehmer (m)	muʃtarik (m)	مشترك
Direktor (m)	mudīr (m)	مدير
Messeverwaltung (f)	maktab al munaẓẓimīn (m)	مكتب المنظّمين
Organisator (m)	munaẓẓim (m)	منظّم
veranstalten (vt)	naẓẓam	نظّم
Anmeldeformular (n)	istimārat al iʃtirāk (f)	إستمارة الإشتراك
ausfüllen (vt)	malaʾ	ملأ
Details (pl)	tafāṣīl (pl)	تفاصيل
Information (f)	isti'lāmāt (pl)	إستعلامات
Preis (m)	si'r (m)	سعر
einschließlich	bima fīh	بما فيه
einschließen (vt)	taḍamman	تضمّن
zahlen (vt)	dafa'	دفع
Anmeldegebühr (f)	rusūm at tasʒīl (pl)	رسوم التسجيل
Eingang (m)	madχal (m)	مدخل
Pavillon (m)	ʒanāḥ (m)	جناح
registrieren (vt)	saʒʒal	سجّل
Namensschild (n)	ʃāra (f)	شارة
Stand (m)	kuʃk (m)	كشك
reservieren (vt)	ḥaʒaz	حجز
Vitrine (f)	vatrīna (f)	فترينة
Strahler (m)	miṣbāḥ (m)	مصباح
Design (n)	taṣmīm (m)	تصميم
stellen (vt)	waḍa'	وضع
Distributor (m)	muwazzi' (m)	موزّع
Lieferant (m)	muwarrid (m)	موِرّد
Land (n)	balad (m)	بلد
ausländisch	aʒnabiy	أجنبيّ
Produkt (n)	muntaʒ (m)	منتج
Assoziation (f)	ʒam'iyya (f)	جمعيّة
Konferenzraum (m)	qā'at al mu'tamarāt (f)	قاعة المؤتمرات
Kongress (m)	mu'tamar (m)	مؤتمر

Wettbewerb (m)	musābaqa (f)	مسابقة
Besucher (m)	zā'ir (m)	زائر
besuchen (vt)	ḥaḍar	حضر
Auftraggeber (m)	zubūn (m)	زبون

84. Wissenschaft. Forschung. Wissenschaftler

Wissenschaft (f)	'ilm (m)	علم
wissenschaftlich	'ilmiy	علمي
Wissenschaftler (m)	'ālim (m)	عالم
Theorie (f)	naẓariyya (f)	نظرية
Axiom (n)	badīhiyya (f)	بديهية
Analyse (f)	taḥlīl (m)	تحليل
analysieren (vt)	ḥallal	حلّل
Argument (n)	burhān (m)	برهان
Substanz (f)	mādda (f)	مادّة
Hypothese (f)	farḍiyya (f)	فرضية
Dilemma (n)	mu'ḍila (f)	معضلة
Dissertation (f)	risāla 'ilmiyya (f)	رسالة علمية
Dogma (n)	'aqīda (f)	عقيدة
Doktrin (f)	maðhab (m)	مذهب
Forschung (f)	baḥθ (m)	بحث
forschen (vi)	baḥaθ	بحث
Kontrolle (f)	iχtibārāt (pl)	إختبارات
Labor (n)	muχtabar (m)	مختبر
Methode (f)	manhaʒ (m)	منهج
Molekül (n)	ʒuzayi' (m)	جزيء
Monitoring (n)	riqāba (f)	رقابة
Entdeckung (f)	iktiʃāf (m)	إكتشاف
Postulat (n)	musallama (f)	مسلّمة
Prinzip (n)	mabda' (m)	مبدأ
Prognose (f)	tanabbu' (m)	تنبّؤ
prognostizieren (vt)	tanabba'	تنبّأ
Synthese (f)	tarkīb (m)	تركيب
Tendenz (f)	ittiʒāh (m)	إتجاه
Theorem (n)	naẓariyya (f)	نظرية
Lehre (Doktrin)	ta'ālīm (pl)	تعاليم
Tatsache (f)	ḥaqīqa (f)	حقيقة
Expedition (f)	ba'θa (f)	بعثة
Experiment (n)	taʒriba (f)	تجربة
Akademiemitglied (n)	akadīmiy (m)	أكاديمي
Bachelor (m)	bakalūriyūs (m)	بكالوريوس
Doktor (m)	duktūr (m)	دكتور
Dozent (m)	ustāð muʃārik (m)	أستاذ مشارك
Magister (m)	maʒistīr (m)	ماجستير
Professor (m)	brufissūr (m)	بروفيسور

Berufe und Tätigkeiten

85. Arbeitsuche. Kündigung

Arbeit (f), Stelle (f)	'amal (m)	عمل
Belegschaft (f)	kawādir (pl)	كوادر
Personal (n)	ṭāqim al 'āmilīn (m)	طاقم العاملين

Karriere (f)	masār mihniy (m)	مسار مهنيّ
Perspektive (f)	'āfāq (pl)	آفاق
Können (n)	mahārāt (pl)	مهارات

Auswahl (f)	iχtiyār (m)	إختيار
Personalagentur (f)	wikālat tawẓīf (f)	وكالة توظيف
Lebenslauf (m)	sīra ðātiyya (f)	سيرة ذاتيّة
Vorstellungsgespräch (n)	mu'ābalat 'amal (f)	مقابلة عمل
Vakanz (f)	waẓīfa χāliya (f)	وظيفة خالية

Gehalt (n)	murattab (m)	مرتّب
festes Gehalt (n)	rātib θābit (m)	راتب ثابت
Arbeitslohn (m)	uʒra (f)	أجرة

Stellung (f)	manṣib (m)	منصب
Pflicht (f)	wāʒib (m)	واجب
Aufgabenspektrum (n)	maʒmū'a min al wāʒibāt (f)	مجموعة من الواجبات
beschäftigt	maʃɣūl	مشغول

| kündigen (vt) | aqāl | أقال |
| Kündigung (f) | iqāla (m) | إقالة |

Arbeitslosigkeit (f)	biṭāla (f)	بطالة
Arbeitslose (m)	'āṭil (m)	عاطل
Rente (f), Ruhestand (m)	ma'āʃ (m)	معاش
in Rente gehen	uḥīl 'alal ma'āʃ	أحيل على المعاش

86. Geschäftsleute

Direktor (m)	mudīr (m)	مدير
Leiter (m)	mudīr (m)	مدير
Boss (m)	mudīr (m), ra'īs (m)	مدير, رئيس

Vorgesetzte (m)	ra'īs (m)	رئيس
Vorgesetzten (pl)	ru'asā' (pl)	رؤساء
Präsident (m)	ra'īs (m)	رئيس
Vorsitzende (m)	ra'īs (m)	رئيس

| Stellvertreter (m) | nā'ib (m) | نائب |
| Helfer (m) | musā'id (m) | مساعد |

Sekretär (m)	sikirtīr (m)	سكرتير
Privatsekretär (m)	sikritīr χāṣṣ (m)	سكرتير خاصّ
Geschäftsmann (m)	raʒul aʻmāl (m)	رجل أعمال
Unternehmer (m)	rāʼid aʻmāl (m)	رائد أعمال
Gründer (m)	muʼassis (m)	مؤسِّس
gründen (vt)	assas	أسَّس
Gründungsmitglied (n)	muʼassis (m)	مؤسِّس
Partner (m)	ʃarīk (m)	شريك
Aktionär (m)	musāhim (m)	مساهم
Millionär (m)	milyunīr (m)	مليونير
Milliardär (m)	milyardīr (m)	مليارديز
Besitzer (m)	ṣāḥib (m)	صاحب
Landbesitzer (m)	ṣāḥib al arḍ (m)	صاحب الأرض
Kunde (m)	ʻamīl (m)	عميل
Stammkunde (m)	ʻamīl dāʼim (m)	عميل دائم
Käufer (m)	muʃtari (m)	مشتر
Besucher (m)	zāʼir (m)	زائر
Fachmann (m)	muḥtarif (m)	محترف
Experte (m)	χabīr (m)	خبير
Spezialist (m)	mutaχaṣṣiṣ (m)	متخصِّص
Bankier (m)	ṣāḥib maṣraf (m)	صاحب مصرف
Makler (m)	simsār (m)	سمسار
Kassierer (m)	ṣarrāf (m)	صرَّاف
Buchhalter (m)	muḥāsib (m)	محاسب
Wächter (m)	ḥāris amn (m)	حارس أمن
Investor (m)	mustaθmir (m)	مستثمر
Schuldner (m)	mudīn (m)	مدين
Gläubiger (m)	dāʼin (m)	دائن
Kreditnehmer (m)	muqtariḍ (m)	مقترض
Importeur (m)	mustawrid (m)	مستورد
Exporteur (m)	muṣaddir (m)	مصدِّر
Hersteller (m)	aʃʃarika al muṣniʻa (f)	الشركة المصنعة
Distributor (m)	muwazziʻ (m)	موزِّع
Vermittler (m)	wasīṭ (m)	وسيط
Berater (m)	mustaʃār (m)	مستشار
Vertreter (m)	mandūb mabiʻāt (m)	مندوب مبيعات
Agent (m)	wakīl (m)	وكيل
Versicherungsagent (m)	wakīl at taʼmīn (m)	وكيل التأمين

87. Dienstleistungsberufe

Koch (m)	ṭabbāχ (m)	طبَّاخ
Chefkoch (m)	ʃāf (m)	شاف

Bäcker (m)	xabbāz (m)	خبّاز
Barmixer (m)	bārman (m)	بارمان
Kellner (m)	nādil (m)	نادل
Kellnerin (f)	nādila (f)	نادلة
Rechtsanwalt (m)	muḥāmi (m)	محام
Jurist (m)	muḥāmi (m)	محام
Notar (m)	muwaθθaq (m)	موثّق
Elektriker (m)	kahrabā'iy (m)	كهربائيّ
Klempner (m)	sabbāk (m)	سبّاك
Zimmermann (m)	naʒʒār (m)	نجّار
Masseur (m)	mudallik (m)	مدلك
Masseurin (f)	mudallika (f)	مدلكة
Arzt (m)	ṭabīb (m)	طبيب
Taxifahrer (m)	sā'iq taksi (m)	سائق تاكسي
Fahrer (m)	sā'iq (m)	سائق
Ausfahrer (m)	sā'i (m)	ساع
Zimmermädchen (n)	'āmilat tanẓīf ɣuraf (f)	عاملة تنظيف غرف
Wächter (m)	ḥāris amn (m)	حارس أمن
Flugbegleiterin (f)	muḍīfat ṭayarān (f)	مضيفة طيران
Lehrer (m)	mudarris madrasa (m)	مدرّس مدرسة
Bibliothekar (m)	amīn maktaba (m)	أمين مكتبة
Übersetzer (m)	mutarʒim (m)	مترجم
Dolmetscher (m)	mutarʒim fawriy (m)	مترجم فوريّ
Fremdenführer (m)	murʃid (m)	مرشد
Friseur (m)	ḥallāq (m)	حلّاق
Briefträger (m)	sā'i al barīd (m)	ساعي البريد
Verkäufer (m)	bā'i' (m)	بائع
Gärtner (m)	bustāniy (m)	بستانيّ
Diener (m)	xādim (m)	خادم
Magd (f)	xādima (f)	خادمة
Putzfrau (f)	'āmilat tanẓīf (f)	عاملة تنظيف

88. Militärdienst und Ränge

einfacher Soldat (m)	ʒundiy (m)	جنديّ
Feldwebel (m)	raqīb (m)	رقيب
Leutnant (m)	mulāzim (m)	ملازم
Hauptmann (m)	naqīb (m)	نقيب
Major (m)	rā'id (m)	رائد
Oberst (m)	'aqīd (m)	عقيد
General (m)	ʒinirāl (m)	جنرال
Marschall (m)	mārʃāl (m)	مارشال
Admiral (m)	amirāl (m)	أميرال
Militärperson (f)	'askariy (m)	عسكريّ
Soldat (m)	ʒundiy (m)	جنديّ

Offizier (m)	ḍābiṭ (m)	ضابط
Kommandeur (m)	qā'id (m)	قائد
Grenzsoldat (m)	ḥāris ḥudūd (m)	حارس حدود
Funker (m)	'āmil lāsilkiy (m)	عامل لاسلكيّ
Aufklärer (m)	mustakʃif (m)	مستكشف
Pionier (m)	muhandis 'askariy (m)	مهندس عسكريّ
Schütze (m)	rāmi (m)	رام
Steuermann (m)	mallāḥ (m)	ملّاح

89. Beamte. Priester

König (m)	malik (m)	ملك
Königin (f)	malika (f)	ملكة
Prinz (m)	amīr (m)	أمير
Prinzessin (f)	amīra (f)	أميرة
Zar (m)	qayṣar (m)	قيصر
Zarin (f)	qayṣara (f)	قيصرة
Präsident (m)	ra'īs (m)	رئيس
Minister (m)	wazīr (m)	وزير
Ministerpräsident (m)	ra'īs wuzarā' (m)	رئيس وزراء
Senator (m)	'uḍw maʒlis aʃ ʃuyūχ (m)	عضو مجلس الشيوخ
Diplomat (m)	diblumāsiy (m)	دبلوماسيّ
Konsul (m)	qunṣul (m)	قنصل
Botschafter (m)	safīr (m)	سفير
Ratgeber (m)	mustaʃār (m)	مستشار
Beamte (m)	muwaẓẓaf (m)	موظّف
Präfekt (m)	ra'īs idārat al ḥayy (m)	رئيس إدارة الحيّ
Bürgermeister (m)	ra'īs al baladiyya (m)	رئيس البلديّة
Richter (m)	qāḍi (m)	قاض
Staatsanwalt (m)	mudda'i (m)	مدّع
Missionar (m)	mubaʃʃir (m)	مبشّر
Mönch (m)	rāhib (m)	راهب
Abt (m)	ra'īs ad dayr (m)	رئيس الدير
Rabbiner (m)	ḥāχām (m)	حاخام
Wesir (m)	wazīr (m)	وزير
Schah (n)	ʃāh (m)	شاه
Scheich (m)	ʃɛyχ (m)	شيخ

90. Landwirtschaftliche Berufe

Bienenzüchter (m)	naḥḥāl (m)	نحّال
Hirt (m)	rā'i (m)	راع
Agronom (m)	muhandis zirā'iy (m)	مهندس زراعيّ

Viehzüchter (m)	murabbi al mawāʃi (m)	مربّي المواشي
Tierarzt (m)	ṭabīb bayṭariy (m)	طبيب بيطريّ
Farmer (m)	muzāriʿ (m)	مزارع
Winzer (m)	ṣāniʿ an nabīð (m)	صانع النبيذ
Zoologe (m)	xabīr fi ʿilm al ḥayawān (m)	خبير في علم الحيوان
Cowboy (m)	rāʿi al baqar (m)	راعي البقر

91. Künstler

Schauspieler (m)	mumaθθil (m)	ممثّل
Schauspielerin (f)	mumaθθila (f)	ممثّلة
Sänger (m)	muɣanni (m)	مغنّ
Sängerin (f)	muɣanniya (f)	مغنّية
Tänzer (m)	rāqiṣ (m)	راقص
Tänzerin (f)	rāqiṣa (f)	راقصة
Künstler (m)	fannān (m)	فنّان
Künstlerin (f)	fannāna (f)	فنّانة
Musiker (m)	ʿāzif (m)	عازف
Pianist (m)	ʿāzif biyānu (m)	عازف بيانو
Gitarrist (m)	ʿāzif gitār (m)	عازف جيتار
Dirigent (m)	qāʾid urkistra (m)	قائد أركسترا
Komponist (m)	mulaḥḥin (m)	ملحّن
Manager (m)	mudīr firqa (m)	مدير فرقة
Regisseur (m)	muxriʒ (m)	مخرج
Produzent (m)	muntiʒ (m)	منتج
Drehbuchautor (m)	kātib sināriyu (m)	كاتب سيناريو
Kritiker (m)	nāqid (m)	ناقد
Schriftsteller (m)	kātib (m)	كاتب
Dichter (m)	ʃāʿir (m)	شاعر
Bildhauer (m)	naḥḥāt (m)	نحّات
Maler (m)	rassām (m)	رسّام
Jongleur (m)	bahlawān (m)	بهلوان
Clown (m)	muharriʒ (m)	مهرّج
Akrobat (m)	bahlawān (m)	بهلوان
Zauberkünstler (m)	sāḥir (m)	ساحر

92. Verschiedene Berufe

Arzt (m)	ṭabīb (m)	طبيب
Krankenschwester (f)	mumarriḍa (f)	ممرّضة
Psychiater (m)	ṭabīb nafsiy (m)	طبيب نفسيّ
Zahnarzt (m)	ṭabīb al asnān (m)	طبيب الأسنان
Chirurg (m)	ʒarrāḥ (m)	جرّاح

Astronaut (m)	rā'id faḍā' (m)	رائد فضاء
Astronom (m)	'ālim falak (m)	عالم فلك
Pilot (m)	ṭayyār (m)	طيَّار
Fahrer (Taxi-)	sā'iq (m)	سائق
Lokomotivführer (m)	sā'iq (m)	سائق
Mechaniker (m)	mikanīkiy (m)	ميكانيكيَّ
Bergarbeiter (m)	'āmil manʒam (m)	عامل منجم
Arbeiter (m)	'āmil (m)	عامل
Schlosser (m)	qaffāl (m)	قفَّال
Tischler (m)	naʒʒār (m)	نجَّار
Dreher (m)	χarrāṭ (m)	خرَّاط
Bauarbeiter (m)	'āmil binā' (m)	عامل بناء
Schweißer (m)	laḥḥām (m)	لحَّام
Professor (m)	brufissūr (m)	بروفيسور
Architekt (m)	muhandis mi'māriy (m)	مهندس معماريَّ
Historiker (m)	mu'arriχ (m)	مؤرّخ
Wissenschaftler (m)	'ālim (m)	عالم
Physiker (m)	fizyā'iy (m)	فيزيائيَّ
Chemiker (m)	kimyā'iy (m)	كيميائيَّ
Archäologe (m)	'ālim'āθār (m)	عالم آثار
Geologe (m)	ʒiulūʒiy (m)	جيولوجيَّ
Forscher (m)	bāḥiθ (m)	باحث
Kinderfrau (f)	murabbiyat aṭfāl (f)	مربَّية الأطفال
Lehrer (m)	mu'allim (m)	معلّم
Redakteur (m)	muḥarrir (m)	محرّر
Chefredakteur (m)	ra'īs taḥrīr (m)	رئيس تحرير
Korrespondent (m)	murāsil (m)	مراسل
Schreibkraft (f)	kātiba 'alal 'āla al kātiba (f)	كاتبة على الآلة الكاتبة
Designer (m)	muṣammim (m)	مصمّم
Computerspezialist (m)	mutaχaṣṣiṣ bil kumbyūtir (m)	متخصّص بالكمبيوتر
Programmierer (m)	mubarmiʒ (m)	مبرمج
Ingenieur (m)	muhandis (m)	مهندس
Seemann (m)	baḥḥār (m)	بحَّار
Matrose (m)	baḥḥār (m)	بحَّار
Retter (m)	munqið (m)	منقذ
Feuerwehrmann (m)	raʒul iṭfā' (m)	رجل إطفاء
Polizist (m)	ʃurṭiy (m)	شرطيَّ
Nachtwächter (m)	ḥāris (m)	حارس
Detektiv (m)	muḥaqqiq (m)	محقّق
Zollbeamter (m)	muwazẓaf al ʒamārik (m)	موظف الجمارك
Leibwächter (m)	ḥāris ʃaχṣiy (m)	حارس شخصيَّ
Gefängniswärter (m)	ḥāris siʒn (m)	حارس سجن
Inspektor (m)	mufattiʃ (m)	مفتش
Sportler (m)	riyāḍiy (m)	رياضيَّ
Trainer (m)	mudarrib (m)	مدرّب

Fleischer (m)	ӡazzār (m)	جزّار
Schuster (m)	iskāfiy (m)	إسكافيّ
Geschäftsmann (m)	tāӡir (m)	تاجر
Ladearbeiter (m)	ḥammāl (m)	حمّال
Modedesigner (m)	muṣammim azyā' (m)	مصمّم أزياء
Modell (n)	mudīl (f)	موديل

93. Beschäftigung. Sozialstatus

Schüler (m)	tilmīð (m)	تلميذ
Student (m)	ṭālib (m)	طالب
Philosoph (m)	faylasūf (m)	فيلسوف
Ökonom (m)	iqtiṣādiy (m)	إقتصاديّ
Erfinder (m)	muxtariʿ (m)	مخترع
Arbeitslose (m)	ʿāṭil (m)	عاطل
Rentner (m)	mutaqāʿid (m)	متقاعد
Spion (m)	ӡāsūs (m)	جاسوس
Gefangene (m)	saӡīn (m)	سجين
Streikender (m)	muḍrib (m)	مضرب
Bürokrat (m)	buruqrāṭiy (m)	بيوروقراطيّ
Reisende (m)	raḥḥāla (m)	رحّالة
Homosexuelle (m)	miθliy ӡinsiyyan (m)	مثليّ جنسيًّا
Hacker (m)	hākir (m)	هاكر
Hippie (m)	hippi (m)	هيبي
Bandit (m)	qāṭiʿ ṭarīq (m)	قاطع طريق
Killer (m)	qātil ma'ӡūr (m)	قاتل مأجور
Drogenabhängiger (m)	mudmin muxaddirāt (m)	مدمن مخدّرات
Drogenhändler (m)	tāӡir muxaddirāt (m)	تاجر مخدّرات
Prostituierte (f)	ʿāhira (f)	عاهرة
Zuhälter (m)	qawwād (m)	قوّاد
Zauberer (m)	sāḥir (m)	ساحر
Zauberin (f)	sāḥira (f)	ساحرة
Seeräuber (m)	qurṣān (m)	قرصان
Sklave (m)	ʿabd (m)	عبد
Samurai (m)	samurāy (m)	ساموراي
Wilde (m)	mutawaḥḥiʃ (m)	متوحّش

Ausbildung

94. Schule

Schule (f)	madrasa (f)	مدرسة
Schulleiter (m)	mudīr madrasa (m)	مدير مدرسة
Schüler (m)	tilmīð (m)	تلميذ
Schülerin (f)	tilmīða (f)	تلميذة
Schuljunge (m)	tilmīð (m)	تلميذ
Schulmädchen (f)	tilmīða (f)	تلميذة
lehren (vt)	'allam	علّم
lernen (Englisch ~)	ta'allam	تعلّم
auswendig lernen	ḥafaẓ	حفظ
lernen (vi)	ta'allam	تعلّم
in der Schule sein	daras	درس
die Schule besuchen	ðahab ilal madrasa	ذهب إلى المدرسة
Alphabet (n)	alifbā' (m)	الفباء
Fach (n)	mādda (f)	مادّة
Klassenraum (m)	faṣl (m)	فصل
Stunde (f)	dars (m)	درس
Pause (f)	istirāḥa (f)	إستراحة
Schulglocke (f)	ʒaras al madrasa (m)	جرس المدرسة
Schulbank (f)	taxta lil madrasa (m)	تخت للمدرسة
Tafel (f)	sabbūra (f)	سبّورة
Note (f)	daraʒa (f)	درجة
gute Note (f)	daraʒa ʒayyida (f)	درجة جيّدة
schlechte Note (f)	daraʒa ɣayr ʒayyida (f)	درجة غير جيّدة
eine Note geben	a'ṭa daraʒa	أعطى درجة
Fehler (m)	xaṭa' (m)	خطأ
Fehler machen	axṭa'	أخطأ
korrigieren (vt)	ṣaḥḥaḥ	صحّح
Spickzettel (m)	waraqat ɣaʃʃ (f)	ورقة غشّ
Hausaufgabe (f)	wāʒib manziliy (m)	واجب منزليّ
Übung (f)	tamrīn (m)	تمرين
anwesend sein	ḥaḍar	حضر
fehlen (in der Schule ~)	ɣāb	غاب
versäumen (Schule ~)	taɣayyab 'an al madrasa	تغيّب عن المدرسة
bestrafen (vt)	'āqab	عاقب
Strafe (f)	'uqūba (f), 'iqāb (m)	عقوبة، عقاب
Benehmen (n)	sulūk (m)	سلوك

Zeugnis (n)	at taqrīr al madrasiy (m)	التقرير المدرسيّ
Bleistift (m)	qalam ruṣāṣ (m)	قلم رصاص
Radiergummi (m)	astīka (f)	استيكة
Kreide (f)	ṭabāʃīr (m)	طباشير
Federkasten (m)	maqlama (f)	مقلمة
Schulranzen (m)	ʃanṭat al madrasa (f)	شنطة المدرسة
Kugelschreiber, Stift (m)	qalam (m)	قلم
Heft (n)	daftar (m)	دفتر
Lehrbuch (n)	kitāb taʿlīm (m)	كتاب تعليم
Zirkel (m)	barʒal (m)	برجل
zeichnen (vt)	rasam rasm taqniy	رسم رسمًا تقنيًا
Zeichnung (f)	rasm taqniy (m)	رسم تقنيّ
Gedicht (n)	qaṣīda (f)	قصيدة
auswendig (Adv)	ʿan ẓahr qalb	عن ظهر قلب
auswendig lernen	ḥafaẓ	حفظ
Ferien (pl)	ʿuṭla madrasiyya (f)	عطلة مدرسيّة
in den Ferien sein	ʿindahu ʿuṭla	عنده عطلة
Ferien verbringen	qaḍa al ʿuṭla	قضى العطلة
Test (m), Prüfung (f)	imtiḥān (m)	إمتحان
Aufsatz (m)	inʃāʾ (m)	إنشاء
Diktat (n)	imlāʾ (m)	إملاء
Prüfung (f)	imtiḥān (m)	إمتحان
Prüfungen ablegen	marr al imtiḥān	مرّ الإمتحان
Experiment (n)	taʒriba (f)	تجربة

95. Hochschule. Universität

Akademie (f)	akadīmiyya (f)	أكاديميّة
Universität (f)	ʒāmiʿa (f)	جامعة
Fakultät (f)	kulliyya (f)	كليّة
Student (m)	ṭālib (m)	طالب
Studentin (f)	ṭāliba (f)	طالبة
Lehrer (m)	muḥāḍir (m)	محاضر
Hörsaal (m)	mudarraʒ (m)	مدرّج
Hochschulabsolvent (m)	mutaxarriʒ (m)	متخرّج
Diplom (n)	diblūma (f)	دبلومة
Dissertation (f)	risāla ʿilmiyya (f)	رسالة علميّة
Forschung (f)	dirāsa (f)	دراسة
Labor (n)	muxtabar (m)	مختبر
Vorlesung (f)	muḥāḍara (f)	محاضرة
Kommilitone (m)	zamīl fiṣ ṣaff (m)	زميل في الصفّ
Stipendium (n)	minḥa dirāsiyya (f)	منحة دراسيّة
akademischer Grad (m)	daraʒa ʿilmiyya (f)	درجة علميّة

96. Naturwissenschaften. Fächer

Mathematik (f)	riyāḍīyyāt (pl)	رياضيّات
Algebra (f)	al ʒabr (m)	الجبر
Geometrie (f)	handasa (f)	هندسة
Astronomie (f)	'ilm al falak (m)	علم الفلك
Biologie (f)	'ilm al ahyā' (m)	علم الأحياء
Erdkunde (f)	ʒuɣrāfiya (f)	جغرافيا
Geologie (f)	ʒiulūʒiya (f)	جيولوجيا
Geschichte (f)	tarīx (m)	تاريخ
Medizin (f)	ṭibb (m)	طب
Pädagogik (f)	'ilm at tarbiya (f)	علم التربية
Recht (n)	qānūn (m)	قانون
Physik (f)	fizyā' (f)	فيزياء
Chemie (f)	kimyā' (f)	كيمياء
Philosophie (f)	falsafa (f)	فلسفة
Psychologie (f)	'ilm an nafs (m)	علم النفس

97. Schrift Rechtschreibung

Grammatik (f)	an nahw waṣ ṣarf (m)	النحو والصرف
Lexik (f)	mufradāt al luɣa (pl)	مفردات اللغة
Phonetik (f)	ṣawtīyyāt (pl)	صوتيّات
Substantiv (n)	ism (m)	إسم
Adjektiv (n)	ṣifa (f)	صفة
Verb (n)	fi'l (m)	فعل
Adverb (n)	ẓarf (m)	ظرف
Pronomen (n)	ḍamīr (m)	ضمير
Interjektion (f)	ḥarf nidā' (m)	حرف نداء
Präposition (f)	ḥarf al ʒarr (m)	حرف الجرّ
Wurzel (f)	ʒiðr al kalima (m)	جذر الكلمة
Endung (f)	nihāya (f)	نهاية
Vorsilbe (f)	sābiqa (f)	سابقة
Silbe (f)	maqta' lafẓiy (m)	مقطع لفظيّ
Suffix (n), Nachsilbe (f)	lāḥiqa (f)	لاحقة
Betonung (f)	nabra (f)	نبرة
Apostroph (m)	'alāmat ḥaðf (f)	علامة حذف
Punkt (m)	nuqta (f)	نقطة
Komma (n)	fāṣila (f)	فاصلة
Semikolon (n)	nuqta wa fāṣila (f)	نقطة وفاصلة
Doppelpunkt (m)	nuqṭatān ra'siyyatān (du)	نقطتان رأسيتان
Auslassungspunkte (pl)	θalāθ nuqaṭ (pl)	ثلاث نقط
Fragezeichen (n)	'alāmat istifhām (f)	علامة إستفهام
Ausrufezeichen (n)	'alāmat ta'aʒʒub (f)	علامة تعجّب

Anführungszeichen (pl)	'alāmāt al iqtibās (pl)	علامات الإقتباس
in Anführungszeichen	bayn 'alāmatay al iqtibās	بين علامتي الإقتباس
runde Klammern (pl)	qawsān (du)	قوسان
in Klammern	bayn al qawsayn	بين القوسين
Bindestrich (m)	'alāmat waṣl (f)	علامة وصل
Gedankenstrich (m)	ʃurṭa (f)	شرطة
Leerzeichen (n)	farāɣ (m)	فراغ
Buchstabe (m)	ḥarf (m)	حرف
Großbuchstabe (m)	ḥarf kabīr (m)	حرف كبير
Vokal (m)	ḥarf ṣawtiy (m)	حرف صوتيّ
Konsonant (m)	ḥarf sākin (m)	حرف ساكن
Satz (m)	ʒumla (f)	جملة
Subjekt (n)	fā'il (m)	فاعل
Prädikat (n)	musnad (m)	مسند
Zeile (f)	saṭr (m)	سطر
in einer neuen Zeile	min bidāyat as saṭr	من بداية السطر
Absatz (m)	fiqra (f)	فقرة
Wort (n)	kalima (f)	كلمة
Wortverbindung (f)	maʒmū'a min al kalimāt (pl)	مجموعة من الكلمات
Redensart (f)	'ibāra (f)	عبارة
Synonym (n)	murādif (m)	مرادف
Antonym (n)	mutaḍādd luɣawiy (m)	متضادّ
Regel (f)	qā'ida (f)	قاعدة
Ausnahme (f)	istiθnā' (m)	إستثناء
richtig (Adj)	ṣaḥīḥ	صحيح
Konjugation (f)	ṣarf (m)	صرف
Deklination (f)	taṣrīf al asmā' (m)	تصريف الأسماء
Kasus (m)	ḥāla ismiyya (f)	حالة إسميّة
Frage (f)	su'āl (m)	سؤال
unterstreichen (vt)	waḍa' χaṭṭ taḥt	وضع خطًّا تحت
punktierte Linie (f)	χaṭṭ munaqqaṭ (m)	خط منقّط

98. Fremdsprachen

Sprache (f)	luɣa (f)	لغة
Fremd-	aʒnabiy	أجنبيّ
Fremdsprache (f)	luɣa aʒnabiyya (f)	لغة أجنبيّة
studieren (z.B. Jura ~)	daras	درس
lernen (Englisch ~)	ta'allam	تعلّم
lesen (vi, vt)	qara'	قرأ
sprechen (vi, vt)	takallam	تكلّم
verstehen (vt)	fahim	فهم
schreiben (vi, vt)	katab	كتب
schnell (Adv)	bi sur'a	بسرعة
langsam (Adv)	bi buṭ'	ببطء

fließend (Adv)	bi ṭalāqa	بطلاقة
Regeln (pl)	qawā'id (pl)	قواعد
Grammatik (f)	an naḥw waṣ ṣarf (m)	النحو والصرف
Vokabular (n)	mufradāt al luɣa (pl)	مفردات اللغة
Phonetik (f)	ṣawtīyyāt (pl)	صوتيّات
Lehrbuch (n)	kitāb ta'līm (m)	كتاب تعليم
Wörterbuch (n)	qāmūs (m)	قاموس
Selbstlernbuch (n)	kitāb ta'līm ðātiy (m)	كتاب تعليم ذاتيّ
Sprachführer (m)	kitāb lil 'ibārāt aʃ ʃā'i'a (m)	كتاب للعبارت الشائعة
Kassette (f)	ʃarīṭ (m)	شريط
Videokassette (f)	ʃarī't vidiyu (m)	شريط فيديو
CD (f)	sī dī (m)	سي دي
DVD (f)	dī vī dī (m)	دي في دي
Alphabet (n)	alifbā' (m)	الفباء
buchstabieren (vt)	tahaʒʒa	تهجّى
Aussprache (f)	nuṭq (m)	نطق
Akzent (m)	lukna (f)	لكنة
mit Akzent	bi lukna	بلكنة
ohne Akzent	bi dūn lukna	بدون لكنة
Wort (n)	kalima (f)	كلمة
Bedeutung (f)	ma'na (m)	معنى
Kurse (pl)	dawra (f)	دورة
sich einschreiben	saʒʒal ismahu	سجّل إسمه
Lehrer (m)	mudarris (m)	مدرس
Übertragung (f)	tarʒama (f)	ترجمة
Übersetzung (f)	tarʒama (f)	ترجمة
Übersetzer (m)	mutarʒim (m)	مترجم
Dolmetscher (m)	mutarʒim fawriy (m)	مترجم فوريّ
Polyglott (m, f)	'alīm bi 'iddat luɣāt (m)	عليم بعدّة لغات
Gedächtnis (n)	ðākira (f)	ذاكرة

Erholung. Unterhaltung. Reisen

99. Ausflug. Reisen

Deutsch	Transkription	Arabisch
Tourismus (m)	siyāḥa (f)	سياحة
Tourist (m)	sā'iḥ (m)	سائح
Reise (f)	riḥla (f)	رحلة
Abenteuer (n)	muɣāmara (f)	مغامرة
Fahrt (f)	riḥla (f)	رحلة
Urlaub (m)	'uṭla (f)	عطلة
auf Urlaub sein	'indahu 'uṭla	عنده عطلة
Erholung (f)	istirāḥa (f)	إستراحة
Zug (m)	qiṭār (m)	قطار
mit dem Zug	bil qiṭār	بالقطار
Flugzeug (n)	ṭā'ira (f)	طائرة
mit dem Flugzeug	biṭ ṭā'ira	بالطائرة
mit dem Auto	bis sayyāra	بالسيارة
mit dem Schiff	bis safīna	بالسفينة
Gepäck (n)	aʃʃunaṭ (pl)	الشنط
Koffer (m)	ḥaqībat safar (f)	حقيبة سفر
Gepäckwagen (m)	'arabat ʃunaṭ (f)	عربة شنط
Pass (m)	ʒawāz as safar (m)	جواز السفر
Visum (n)	ta'ʃīra (f)	تأشيرة
Fahrkarte (f)	taðkira (f)	تذكرة
Flugticket (n)	taðkirat ṭā'ira (f)	تذكرة طائرة
Reiseführer (m)	dalīl (m)	دليل
Landkarte (f)	xarīta (f)	خريطة
Gegend (f)	mintaqa (f)	منطقة
Ort (wunderbarer ~)	makān (m)	مكان
Exotika (pl)	ɣarāba (f)	غرابة
exotisch	ɣarīb	غريب
erstaunlich (Adj)	mudhiʃ	مدهش
Gruppe (f)	maʒmū'a (f)	مجموعة
Ausflug (m)	ʒawla (f)	جولة
Reiseleiter (m)	murʃid (m)	مرشد

100. Hotel

Deutsch	Transkription	Arabisch
Hotel (n)	funduq (m)	فندق
Motel (n)	mutīl (m)	موتيل
drei Sterne	θalāθat nuʒūm	ثلاثة نجوم

fünf Sterne	xamsat nuʒūm	خمسة نجوم
absteigen (vi)	nazal	نزل
Hotelzimmer (n)	ɣurfa (f)	غرفة
Einzelzimmer (n)	ɣurfa li ʃaxṣ wāḥid (f)	غرفة لشخص واحد
Zweibettzimmer (n)	ɣurfa li ʃaxṣayn (f)	غرفة لشخصين
reservieren (vt)	ḥaʒaz ɣurfa	حجز غرفة
Halbpension (f)	waʒbitān fil yawm (du)	وجبتان في اليوم
Vollpension (f)	θalāθ waʒabāt fil yawm	ثلاث وجبات في اليوم
mit Bad	bi ḥawḍ al istiḥmām	بحوض الإستحمام
mit Dusche	bid duʃ	بالدوش
Satellitenfernsehen (n)	tilivizyūn faḍā'iy (m)	تلفزيون فضائيّ
Klimaanlage (f)	takyīf (m)	تكييف
Handtuch (n)	fūṭa (f)	فوطة
Schlüssel (m)	miftāḥ (m)	مفتاح
Verwalter (m)	mudīr (m)	مدير
Zimmermädchen (n)	ʿāmilat tanẓīf ɣuraf (f)	عاملة تنظيف غرف
Träger (m)	ḥammāl (m)	حمّال
Portier (m)	bawwāb (m)	بوّاب
Restaurant (n)	maṭʿam (m)	مطعم
Bar (f)	bār (m)	بار
Frühstück (n)	fuṭūr (m)	فطور
Abendessen (n)	ʿaʃā' (m)	عشاء
Buffet (n)	bufīh (m)	بوفيه
Foyer (n)	radha (f)	ردهة
Aufzug (m), Fahrstuhl (m)	misʿad (m)	مصعد
BITTE NICHT STÖREN!	ar raʒā' ʿadam al izʿāʒ	الرجاء عدم الإزعاج
RAUCHEN VERBOTEN!	mamnūʿ at tadxīn	ممنوع التدخين

TECHNISCHES ZUBEHÖR. TRANSPORT

Technisches Zubehör

101. Computer

Deutsch	Transkription	Arabisch
Computer (m)	kumbyūtir (m)	كمبيوتر
Laptop (m), Notebook (n)	kumbyūtir maḥmūl (m)	كمبيوتر محمول
einschalten (vt)	ʃaɣɣal	شغّل
abstellen (vt)	aɣlaq	أغلق
Tastatur (f)	lawḥat al mafātīḥ (f)	لوحة المفاتيح
Taste (f)	miftāḥ (m)	مفتاح
Maus (f)	fa'ra (f)	فأرة
Mousepad (n)	wisādat fa'ra (f)	وسادة فأرة
Knopf (m)	zirr (m)	زرّ
Cursor (m)	mu'aʃʃir (m)	مؤشّر
Monitor (m)	ʃāʃa (f)	شاشة
Schirm (m)	ʃāʃa (f)	شاشة
Festplatte (f)	qurṣ ṣalib (m)	قرص صلب
Festplattengröße (f)	si'at taχzīn (f)	سعة تخزين
Speicher (m)	ðākira (f)	ذاكرة
Arbeitsspeicher (m)	ðākirat al wuṣūl al 'aʃwā'iy (f)	ذاكرة الوصول العشوائيّ
Datei (f)	malaff (m)	ملفّ
Ordner (m)	ḥāfiẓa (m)	حافظة
öffnen (vt)	fataḥ	فتح
schließen (vt)	aɣlaq	أغلق
speichern (vt)	ḥafaẓ	حفظ
löschen (vt)	masaḥ	مسح
kopieren (vt)	nasaχ	نسخ
sortieren (vt)	ṣannaf	صنّف
transferieren (vt)	naqal	نقل
Programm (n)	barnāmaʒ (m)	برنامج
Software (f)	barāmiʒ kumbyūtir (pl)	برامج كمبيوتر
Programmierer (m)	mubarmiʒ (m)	مبرمج
programmieren (vt)	barmaʒ	برمج
Hacker (m)	hākir (m)	هاكر
Kennwort (n)	kalimat as sirr (f)	كلمة السرّ
Virus (m, n)	virūs (m)	فيروس
entdecken (vt)	waʒad	وجد
Byte (n)	bayt (m)	بايت

Megabyte (n)	miʒabāyt (m)	ميجابايت
Daten (pl)	bayānāt (pl)	بيانات
Datenbank (f)	qaʻidat bayānāt (f)	قاعدة بيانات
Kabel (n)	kābil (m)	كابل
trennen (vt)	faṣal	فصل
anschließen (vt)	waṣṣal	وصَّل

102. Internet. E-Mail

Internet (n)	intirnit (m)	إنترنت
Browser (m)	mutaṣaffiḥ (m)	متصفح
Suchmaschine (f)	muḥarrik baḥθ (m)	محرِّك بحث
Provider (m)	ʃarikat al intirnīt (f)	شركة الإنترنيت
Webmaster (m)	mudīr al mawqiʻ (m)	مدير الموقع
Website (f)	mawqiʻ iliktrūniy (m)	موقع إلكتروني
Webseite (f)	ṣafḥat wīb (f)	صفحة ويب
Adresse (f)	ʻunwān (m)	عنوان
Adressbuch (n)	daftar al ʻanāwīn (m)	دفتر العناوين
Mailbox (f)	ṣundūq al barīd (m)	صندوق البريد
Post (f)	barīd (m)	بريد
überfüllt (-er Briefkasten)	mumtali'	ممتلىء
Mitteilung (f)	risāla iliktrūniyya (f)	رسالة إلكترونيّة
eingehenden Nachrichten	rasa'il wārida (pl)	رسائل واردة
ausgehenden Nachrichten	rasa'il ṣādira (pl)	رسائل صادرة
Absender (m)	mursil (m)	مرسل
senden (vt)	arsal	أرسل
Absendung (f)	irsāl (m)	إرسال
Empfänger (m)	mursal ilayh (m)	مرسل إليه
empfangen (vt)	istalam	إستلم
Briefwechsel (m)	murāsala (f)	مراسلة
im Briefwechsel stehen	tarāsal	تراسل
Datei (f)	malaff (m)	ملفّ
herunterladen (vt)	ḥammal	حمَّل
schaffen (vt)	anʃa'	أنشأ
löschen (vt)	masaḥ	مسح
gelöscht (Datei)	mamsūḥ	ممسوح
Verbindung (f)	ittiṣāl (m)	إتصال
Geschwindigkeit (f)	surʻa (f)	سرعة
Modem (n)	mudim (m)	مودم
Zugang (m)	wuṣūl (m)	وصول
Port (m)	maxraʒ (m)	مخرج
Anschluss (m)	ittiṣāl (m)	إتصال
sich anschließen	ittaṣal	إتصل
auswählen (vt)	ixtār	إختار
suchen (vt)	baḥaθ	بحث

103. Elektrizität

Elektrizität (f)	kahrabā' (m)	كهرباء
elektrisch	kahrabā'iy	كهربائيّ
Elektrizitätswerk (n)	maḥaṭṭa kahrabā'iyya (f)	محطّة كهربائيّة
Energie (f)	ṭāqa (f)	طاقة
Strom (m)	ṭāqa kahrabā'iyya (f)	طاقة كهربائيّة
Glühbirne (f)	lamba (f)	لمبة
Taschenlampe (f)	kaʃʃāf an nūr (m)	كشّاف النور
Straßenlaterne (f)	ʿamūd an nūr (m)	عمود النور
Licht (n)	nūr (m)	نور
einschalten (vt)	fataḥ, ʃayyal	فتح, شغّل
ausschalten (vt)	ṭaffa	طفّى
das Licht ausschalten	ṭaffa n nūr	طفّى النور
durchbrennen (vi)	inṭafa'	إنطفأ
Kurzschluss (m)	da'ira kahrabā'iyya qaṣīra (f)	دائرة كهربائيّة قصيرة
Riß (m)	silk maqṭūʿ (m)	سلك مقطوع
Kontakt (m)	talāmus (m)	تلامس
Schalter (m)	miftāḥ an nūr (m)	مفتاح النور
Steckdose (f)	barizat al kahrabā' (f)	بريزة الكهرباء
Stecker (m)	fīʃat al kahrabā' (f)	فيشة الكهرباء
Verlängerung (f)	silk tawṣīl (m)	سلك توصيل
Sicherung (f)	fāṣima (f)	فاصمة
Leitungsdraht (m)	silk (m)	سلك
Verdrahtung (f)	aslāk (pl)	أسلاك
Ampere (n)	ambīr (m)	أمبير
Stromstärke (f)	ʃiddat at tayyār al kahrabā'iy (f)	شدّة التيّار الكهربائيّ
Volt (n)	vūlt (m)	فولت
Voltspannung (f)	ʒuhd kahrabā'iy (m)	جهد كهربائيّ
Elektrogerät (n)	ʒihāz kahrabā'iy (m)	جهاز كهربائيّ
Indikator (m)	mu'aʃʃir (m)	مؤشّر
Elektriker (m)	kahrabā'iy (m)	كهربائيّ
löten (vt)	laḥam	لحم
Lötkolben (m)	adāt laḥm (f)	أداة لحم
Strom (m)	tayyār kahrabā'iy (m)	تيّار كهربائيّ

104. Werkzeug

Werkzeug (n)	adāt (f)	أداة
Werkzeuge (pl)	adawāt (pl)	أدوات
Ausrüstung (f)	muʿaddāt (pl)	معدّات
Hammer (m)	miṭraqa (f)	مطرقة
Schraubenzieher (m)	mifakk (m)	مفكّ

Axt (f)	fa's (m)	فأس
Säge (f)	minʃār (m)	منشار
sägen (vt)	naʃar	نشر
Hobel (m)	masḥāʒ (m)	مسحج
hobeln (vt)	saḥaʒ	سحج
Lötkolben (m)	adāt laḥm (f)	أداة لحم
löten (vt)	laḥam	لحم
Feile (f)	mibrad (m)	مبرد
Kneifzange (f)	kammāʃa (f)	كمّاشة
Flachzange (f)	zardiyya (f)	زردية
Stemmeisen (n)	izmīl (m)	إزميل
Bohrer (m)	luqmat θaqb (m)	لقمة ثقب
Bohrmaschine (f)	miθqab (m)	مثقب
bohren (vt)	θaqab	ثقب
Messer (n)	sikkīn (m)	سكّين
Taschenmesser (n)	sikkīn ʒayb (m)	سكّين جيب
Klinge (f)	ʃafra (f)	شفرة
scharf (-e Messer usw.)	ḥādd	حادّ
stumpf	θālim	ثالم
stumpf werden (vi)	taθallam	تثلّم
schärfen (vt)	ʃaḥað	شحذ
Bolzen (m)	mismār qalāwūz (m)	مسمار قلاووظ
Mutter (f)	ṣamūla (f)	صامولة
Gewinde (n)	naẓm (m)	نظم
Holzschraube (f)	qalāwūz (m)	قلاووظ
Nagel (m)	mismār (m)	مسمار
Nagelkopf (m)	ra's al mismār (m)	رأس المسمار
Lineal (n)	masṭara (f)	مسطرة
Metermaß (n)	ʃarī'ṭ al qiyās (m)	شريط القياس
Wasserwaage (f)	mīzān al mā' (m)	ميزان الماء
Lupe (f)	'adasa mukabbira (f)	عدسة مكبّرة
Messinstrument (n)	ʒihāz qiyās (m)	جهاز قياس
messen (vt)	qās	قاس
Skala (f)	miqyās (m)	مقياس
Ablesung (f)	qirā'a (f)	قراءة
Kompressor (m)	dāɣiṭ al ɣāz (m)	ضاغط الغاز
Mikroskop (n)	mikruskūb (m)	ميكروسكوب
Pumpe (f)	ṭulumba (f)	طلمبة
Roboter (m)	rūbut (m)	روبوت
Laser (m)	layzir (m)	ليزر
Schraubenschlüssel (m)	miftāḥ aṣ ṣawāmīl (m)	مفتاح الصواميل
Klebeband (n)	lazq (m)	لزق
Klebstoff (m)	ṣamɣ (m)	صمغ
Sandpapier (n)	waraq ṣanfara (m)	ورق صنفرة
Sprungfeder (f)	sūsta (f)	سوستة

Magnet (m)	miχnaṭīs (m)	مغنطيس
Handschuhe (pl)	quffāz (m)	قفاز
Leine (f)	ḥabl (m)	حبل
Schnur (f)	ḥabl (m)	حبل
Draht (m)	silk (m)	سلك
Kabel (n)	kābil (m)	كابل
schwerer Hammer (m)	mirzaba (f)	مرزبة
Brecheisen (n)	ʿatala (f)	عتلة
Leiter (f)	sullam (m)	سلم
Trittleiter (f)	sullam (m)	سلم
zudrehen (vt)	aḥkam aʃ ʃadd	أحكم الشدّ
abdrehen (vt)	fataḥ	فتح
zusammendrücken (vt)	kamaʃ	كمش
ankleben (vt)	alṣaq	ألصق
schneiden (vt)	qaṭaʿ	قطع
Störung (f)	taʿaṭṭul (m)	تعطل
Reparatur (f)	iṣlāḥ (m)	إصلاح
reparieren (vt)	aṣlaḥ	أصلح
einstellen (vt)	ḍabaṭ	ضبط
prüfen (vt)	iχtabar	إختبر
Prüfung (f)	faḥṣ (m)	فحص
Ablesung (f)	qirāʾa (f)	قراءة
sicher (zuverlässigen)	matīn	متين
kompliziert (Adj)	murakkab	مركب
verrosten (vi)	ṣadiʾ	صدئ
rostig	ṣadiʾ	صديء
Rost (m)	ṣadaʾ (m)	صدأ

Transport

105. Flugzeug

Flugzeug (n)	ṭā'ira (f)	طائرة
Flugticket (n)	taðkirat ṭā'ira (f)	تذكرة طائرة
Fluggesellschaft (f)	ʃarikat ṭayarān (f)	شركة طيران
Flughafen (m)	maṭār (m)	مطار
Überschall-	xāriq liṣ ṣawt	خارق للصوت
Flugkapitän (m)	qā'id aṭ ṭā'ira (m)	قائد الطائرة
Besatzung (f)	ṭāqim (m)	طاقم
Pilot (m)	ṭayyār (m)	طيّار
Flugbegleiterin (f)	muḍīfat ṭayarān (f)	مضيفة طيران
Steuermann (m)	mallāḥ (m)	ملّاح
Flügel (pl)	aʒniḥa (pl)	أجنحة
Schwanz (m)	ðayl (m)	ذيل
Kabine (f)	kabīna (f)	كابينة
Motor (m)	mutūr (m)	موتور
Fahrgestell (n)	ʿaʒalāt al hubūṭ (pl)	عجلات الهبوط
Turbine (f)	turbīna (f)	تربينة
Propeller (m)	mirwaḥa (f)	مروحة
Flugschreiber (m)	musaʒʒil aṭ ṭayarān (m)	مسجّل الطيران
Steuerrad (n)	ʿaʒalat qiyāda (f)	عجلة قيادة
Treibstoff (m)	wuqūd (m)	وقود
Sicherheitskarte (f)	biṭāqat as salāma (f)	بطاقة السلامة
Sauerstoffmaske (f)	qināʿ uksiʒīn (m)	قناع أوكسيجين
Uniform (f)	libās muwaḥḥad (m)	لباس موحّد
Rettungsweste (f)	sutrat naʒāt (f)	سترة نجاة
Fallschirm (m)	miẓallat hubūṭ (f)	مظلّة هبوط
Abflug, Start (m)	iqlāʿ (m)	إقلاع
starten (vi)	aqlaʿat	أقلعت
Startbahn (f)	madraʒ aṭ ṭā'irāt (m)	مدرج الطائرات
Sicht (f)	ru'ya (f)	رؤية
Flug (m)	ṭayarān (m)	طيران
Höhe (f)	irtifāʿ (m)	إرتفاع
Luftloch (n)	ʒayb hawā'iy (m)	جيب هوائيّ
Platz (m)	maqʿad (m)	مقعد
Kopfhörer (m)	sammāʿāt ra'siya (pl)	سمّاعات رأسيّة
Klapptisch (m)	sīniyya qābila liṭ ṭayy (f)	صينية قابلة للطيّ
Bullauge (n)	ʃubbāk aṭ ṭā'ira (m)	شبّاك الطائرة
Durchgang (m)	mamarr (m)	ممرّ

106. Zug

Zug (m)	qiṭār (m)	قطار
elektrischer Zug (m)	qiṭār (m)	قطار
Schnellzug (m)	qiṭār sarīʿ (m)	قطار سريع
Diesellok (f)	qāṭirat dīzil (f)	قاطرة ديزل
Dampflok (f)	qāṭira buḫāriyya (f)	قاطرة بخارية
Personenwagen (m)	ʿaraba (f)	عربة
Speisewagen (m)	ʿarabat al maṭʿam (f)	عربة المطعم
Schienen (pl)	quḍubān (pl)	قضبان
Eisenbahn (f)	sikka ḥadīdiyya (f)	سكة حديدية
Bahnschwelle (f)	ʿāriḍa (f)	عارضة
Bahnsteig (m)	raṣīf (m)	رصيف
Gleis (n)	ḫaṭṭ (m)	خط
Eisenbahnsignal (n)	simafūr (m)	سيمافور
Station (f)	maḥaṭṭa (f)	محطة
Lokomotivführer (m)	sāʾiq (m)	سائق
Träger (m)	ḥammāl (m)	حمال
Schaffner (m)	masʾūl ʿarabat al qiṭār (m)	مسؤول عربة القطار
Fahrgast (m)	rākib (m)	راكب
Fahrkartenkontrolleur (m)	kamsariy (m)	كمسري
Flur (m)	mamarr (m)	ممر
Notbremse (f)	farāmil aṭ ṭawāriʾ (pl)	فرامل الطوارئ
Abteil (n)	ġurfa (f)	غرفة
Liegeplatz (m), Schlafkoje (f)	sarīr (m)	سرير
oberer Liegeplatz (m)	sarīr ʿulwiy (m)	سرير علوي
unterer Liegeplatz (m)	sarīr sufliy (m)	سرير سفلي
Bettwäsche (f)	aġṭiyat as sarīr (pl)	أغطية السرير
Fahrkarte (f)	taḏkira (f)	تذكرة
Fahrplan (m)	ǧadwal (m)	جدول
Anzeigetafel (f)	lawḥat maʿlūmāt (f)	لوحة معلومات
abfahren (der Zug)	ġādar	غادر
Abfahrt (f)	muġādara (f)	مغادرة
ankommen (der Zug)	waṣal	وصل
Ankunft (f)	wuṣūl (m)	وصول
mit dem Zug kommen	waṣal bil qiṭār	وصل بالقطار
in den Zug einsteigen	rakib al qiṭār	ركب القطار
aus dem Zug aussteigen	nazil min al qiṭār	نزل من القطار
Zugunglück (n)	ḥiṭām qiṭār (m)	حطام قطار
entgleisen (vi)	ḫaraǧ ʿan ḫaṭṭ sayrih	خرج عن خط سيره
Dampflok (f)	qāṭira buḫāriyya (f)	قاطرة بخارية
Heizer (m)	ʿataʃǧiy (m)	عطشجي
Feuerbüchse (f)	furn al muḥarrik (m)	فرن المحرك
Kohle (f)	faḥm (m)	فحم

107. Schiff

Schiff (n)	safīna (f)	سفينة
Fahrzeug (n)	safīna (f)	سفينة
Dampfer (m)	bāxira (f)	باخرة
Motorschiff (n)	bāxira nahriyya (f)	باخرة نهريّة
Kreuzfahrtschiff (n)	bāxira siyahiyya (f)	باخرة سياحيّة
Kreuzer (m)	ṭarrād (m)	طرّاد
Jacht (f)	yaxt (m)	يخت
Schlepper (m)	qāṭira (f)	قاطرة
Lastkahn (m)	ṣandal (m)	صندل
Fähre (f)	'abbāra (f)	عبّارة
Segelschiff (n)	safīna ʃirā'iyya (m)	سفينة شراعيّة
Brigantine (f)	markab ʃirā'iy (m)	مركب شراعيّ
Eisbrecher (m)	muhaṭṭimat ʒalīd (f)	محطّمة جليد
U-Boot (n)	ɣawwāṣa (f)	غوّاصة
Boot (n)	markab (m)	مركب
Dingi (n), Beiboot (n)	zawraq (m)	زورق
Rettungsboot (n)	qārib naʒāt (m)	قارب نجاة
Motorboot (n)	lanʃ (m)	لنش
Kapitän (m)	qubṭān (m)	قبطان
Matrose (m)	bahhār (m)	بحّار
Seemann (m)	bahhār (m)	بحّار
Besatzung (f)	ṭāqim (m)	طاقم
Bootsmann (m)	raʾīs al bahhāra (m)	رئيس البحّارة
Schiffsjunge (m)	ṣabiy as safīna (m)	صبي السفينة
Schiffskoch (m)	ṭabbāx (m)	طبّاخ
Schiffsarzt (m)	ṭabīb as safīna (m)	طبيب السفينة
Deck (n)	saṭh as safīna (m)	سطح السفينة
Mast (m)	sāriya (f)	سارية
Segel (n)	ʃirāʿ (m)	شراع
Schiffsraum (m)	'ambar (m)	عنبر
Bug (m)	muqaddama (m)	مقدّمة
Heck (n)	mu'axirat as safīna (f)	مؤخّرة السفينة
Ruder (n)	miʒðāf (m)	مجذاف
Schraube (f)	mirwaha (f)	مروحة
Kajüte (f)	kabīna (f)	كابينة
Messe (f)	ɣurfat al istirāha (f)	غرفة الإستراحة
Maschinenraum (m)	qism al ʾālāt (m)	قسم الآلات
Kommandobrücke (f)	burʒ al qiyāda (m)	برج القيادة
Funkraum (m)	ɣurfat al lāsilkiy (f)	غرفة اللاسلكيّ
Radiowelle (f)	mawʒa (f)	موجة
Schiffstagebuch (n)	siʒil as safīna (m)	سجل السفينة
Fernrohr (n)	minzār (m)	منظار
Glocke (f)	ʒaras (m)	جرس

Fahne (f)	ʻalam (m)	علم
Seil (n)	ḥabl (m)	حبل
Knoten (m)	ʻuqda (f)	عقدة

| Geländer (n) | drabizīn (m) | درابزين |
| Treppe (f) | sullam (m) | سلّم |

Anker (m)	mirsāt (f)	مرساة
den Anker lichten	rafaʻ mirsāt	رفع مرساة
Anker werfen	rasa	رسا
Ankerkette (f)	silsilat mirsāt (f)	سلسلة مرساة

Hafen (m)	mīnāʼ (m)	ميناء
Anlegestelle (f)	marsa (m)	مرسى
anlegen (vi)	rasa	رسا
abstoßen (vt)	aqlaʻ	أقلع

Reise (f)	riḥla (f)	رحلة
Kreuzfahrt (f)	riḥla baḥriyya (f)	رحلة بحرية
Kurs (m), Richtung (f)	masār (m)	مسار
Reiseroute (f)	ṭarīq (m)	طريق

Fahrwasser (n)	maʒra milāḥiy (m)	مجرى ملاحيّ
Untiefe (f)	miyāh ḍaḥla (f)	مياه ضحلة
stranden (vi)	ʒanaḥ	جنح

Sturm (m)	ʻāṣifa (f)	عاصفة
Signal (n)	iʃāra (f)	إشارة
untergehen (vi)	ɣariq	غرق
Mann über Bord!	saqaṭ raʒul min as safīna!	سقط رجل من السفينة!
SOS	nidāʼ iɣāθa (m)	نداء إغاثة
Rettungsring (m)	ṭawq naʒāt (m)	طوق نجاة

108. Flughafen

Flughafen (m)	maṭār (m)	مطار
Flugzeug (n)	ṭāʼira (f)	طائرة
Fluggesellschaft (f)	ʃarikat ṭayarān (f)	شركة طيران
Fluglotse (m)	marāqib al ḥaraka al ʒawwiyya (pl)	مراقب الحركة الجويّة

Abflug (m)	muɣādara (f)	مغادرة
Ankunft (f)	wuṣūl (m)	وصول
anfliegen (vi)	waṣal	وصل

| Abflugzeit (f) | waqt al muɣādara (m) | وقت المغادرة |
| Ankunftszeit (f) | waqt al wuṣūl (m) | وقت الوصول |

| sich verspäten | taʼaxxar | تأخَّر |
| Abflugverspätung (f) | taʼaxxur ar riḥla (m) | تأخّر الرحلة |

Anzeigetafel (f)	lawḥat al maʻlūmāt (f)	لوحة المعلومات
Information (f)	istiʻlāmāt (pl)	إستعلامات
ankündigen (vt)	aʻlan	أعلن

Flug (m)	riḥla (f)	رحلة
Zollamt (n)	ʒamārik (pl)	جمارك
Zollbeamter (m)	muwazzaf al ʒamārik (m)	موظف الجمارك
Zolldeklaration (f)	taṣrīḥ ʒumrukiy (m)	تصريح جمركيّ
ausfüllen (vt)	mala'	ملأ
die Zollerklärung ausfüllen	mala' at taṣrīḥ	ملأ التصريح
Passkontrolle (f)	taftīʃ al ʒawāzāt (m)	تفتيش الجوازات
Gepäck (n)	aʃ ʃunaṭ (pl)	الشنط
Handgepäck (n)	ʃunaṭ al yad (pl)	شنط اليد
Kofferkuli (m)	'arabat ʃunaṭ (f)	عربة شنط
Landung (f)	hubūṭ (m)	هبوط
Landebahn (f)	mamarr al hubūṭ (m)	ممرّ الهبوط
landen (vi)	habaṭ	هبط
Fluggasttreppe (f)	sullam aṭ ṭā'ira (m)	سلّم الطائرة
Check-in (n)	tasʒīl (m)	تسجيل
Check-in-Schalter (m)	makān at tasʒīl (m)	مكان التسجيل
sich registrieren lassen	saʒʒal	سجّل
Bordkarte (f)	biṭāqat ṣu'ūd (f)	بطاقة صعود
Abfluggate (n)	bawwābat al muɣādara (f)	بوّابة المغادرة
Transit (m)	tranzīt (m)	ترانزيت
warten (vi)	intazar	إنتظر
Wartesaal (m)	qā'at al muɣādara (f)	قاعة المغادرة
begleiten (vt)	wadda'	ودّع
sich verabschieden	wadda'	ودّع

Lebensereignisse

109. Feiertage. Ereignis

Fest (n)	ʿīd (m)	عيد
Nationalfeiertag (m)	ʿīd waṭaniy (m)	عيد وطني
Feiertag (m)	yawm al ʿuṭla ar rasmiyya (m)	يوم العطلة الرسمية
feiern (vt)	iḥtafal	إحتفل
Ereignis (n)	ḥadaθ (m)	حدث
Veranstaltung (f)	munasaba (f)	مناسبة
Bankett (n)	walīma (f)	وليمة
Empfang (m)	ḥaflat istiqbāl (f)	حفلة إستقبال
Festmahl (n)	walīma (f)	وليمة
Jahrestag (m)	ðikra sanawiyya (f)	ذكرى سنوية
Jubiläumsfeier (f)	yubīl (m)	يوبيل
begehen (vt)	iḥtafal	إحتفل
Neujahr (n)	raʾs as sana (m)	رأس السنة
Frohes Neues Jahr!	kull sana wa anta ṭayyib!	كلّ سنة وأنت طيّب!
Weihnachtsmann (m)	baba nuwīl (m)	بابا نويل
Weihnachten (n)	ʿīd al mīlād (m)	عيد الميلاد
Frohe Weihnachten!	ʿīd mīlād saʿīd!	عيد ميلاد سعيد!
Tannenbaum (m)	ʃaʒarat raʾs as sana (f)	شجرة رأس السنة
Feuerwerk (n)	alʿāb nāriyya (pl)	ألعاب نارية
Hochzeit (f)	zifāf (m)	زفاف
Bräutigam (m)	ʿarīs (m)	عريس
Braut (f)	ʿarūsa (f)	عروسة
einladen (vt)	daʿa	دعا
Einladung (f)	biṭāqat daʿwa (f)	بطاقة دعوة
Gast (m)	ḍayf (m)	ضيف
besuchen (vt)	zār	زار
Gäste empfangen	istaqbal aḍ ḍuyūf	إستقبل الضيوف
Geschenk (n)	hadiyya (f)	هديّة
schenken (vt)	qaddam	قدّم
Geschenke bekommen	istalam al hadāya	إستلم الهدايا
Blumenstrauß (m)	bāqat zuhūr (f)	باقة زهور
Glückwunsch (m)	tahniʾa (f)	تهنئة
gratulieren (vi)	hannaʾ	هنّأ
Glückwunschkarte (f)	biṭāqat tahniʾa (f)	بطاقة تهنئة
eine Karte abschicken	arsal biṭāqat tahniʾa	أرسل بطاقة تهنئة
eine Karte erhalten	istalam biṭāqat tahniʾa	إستلم بطاقة تهنئة

Trinkspruch (m)	naχb (m)	نخب
anbieten (vt)	ḍayyaf	ضيّف
Champagner (m)	ʃambāniya (f)	شمبانيا
sich amüsieren	istamtaʿ	إستمتع
Fröhlichkeit (f)	faraḥ (m)	فرح
Freude (f)	saʿāda (f)	سعادة
Tanz (m)	rāqiṣa (f)	رقصة
tanzen (vi, vt)	raqaṣ	رقص
Walzer (m)	vāls (m)	فالس
Tango (m)	tāngu (m)	تانجو

110. Bestattungen. Begräbnis

Friedhof (m)	maqbara (f)	مقبرة
Grab (n)	qabr (m)	قبر
Kreuz (n)	ṣalīb (m)	صليب
Grabstein (m)	ʃāhid al qabr (m)	شاهد القبر
Zaun (m)	sūr (m)	سور
Kapelle (f)	kanīsa ṣaɣīra (f)	كنيسة صغيرة
Tod (m)	mawt (m)	موت
sterben (vi)	māt	مات
Verstorbene (m)	al mutawaffi (m)	المتوفّي
Trauer (f)	ḥidād (m)	حداد
begraben (vt)	dafan	دفن
Bestattungsinstitut (n)	bayt al ʒanāzāt (m)	بيت الجنازات
Begräbnis (n)	ʒanāza (f)	جنازة
Kranz (m)	iklīl (m)	إكليل
Sarg (m)	tābūt (m)	تابوت
Katafalk (m)	sayyārat naql al mawta (f)	سيّارة نقل الموتى
Totenhemd (n)	kafan (m)	كفن
Trauerzug (m)	ʒanāza (f)	جنازة
Urne (f)	qārūra li ḥifẓ ramād al mawta (f)	قارورة لحفظ رماد الموتى
Krematorium (n)	maḥraqat ʒuθaθ al mawta (f)	محرقة جثث الموتى
Nachruf (m)	naʿiy (m)	نعيّ
weinen (vi)	baka	بكى
schluchzen (vi)	naḥab	نحب

111. Krieg. Soldaten

Zug (m)	faṣīla (f)	فصيلة
Kompanie (f)	sariyya (f)	سريّة
Regiment (n)	fawʒ (m)	فوج
Armee (f)	ʒayʃ (m)	جيش

Division (f)	firqa (f)	فرقة
Abteilung (f)	waḥda (f)	وحدة
Heer (n)	ʒayʃ (m)	جيش
Soldat (m)	ʒundiy (m)	جندي
Offizier (m)	ḍābiṭ (m)	ضابط
Soldat (m)	ʒundiy (m)	جندي
Feldwebel (m)	raqīb (m)	رقيب
Leutnant (m)	mulāzim (m)	ملازم
Hauptmann (m)	naqīb (m)	نقيب
Major (m)	rā'id (m)	رائد
Oberst (m)	ʻaqīd (m)	عقيد
General (m)	ʒinirāl (m)	جنرال
Matrose (m)	baḥḥār (m)	بحّار
Kapitän (m)	qubṭān (m)	قبطان
Bootsmann (m)	raʼīs al baḥḥāra (m)	رئيس البحّارة
Artillerist (m)	madfaʻiy (m)	مدفعيّ
Fallschirmjäger (m)	ʒundiy al maẓallāt (m)	جنديّ المظلّات
Pilot (m)	ṭayyār (m)	طيّار
Steuermann (m)	mallāḥ (m)	ملّاح
Mechaniker (m)	mikanīkiy (m)	ميكانيكيّ
Pionier (m)	muhandis ʻaskariy (m)	مهندس عسكريّ
Fallschirmspringer (m)	miẓalliy (m)	مظلّيّ
Aufklärer (m)	mustakʃif (m)	مستكشف
Scharfschütze (m)	qannāṣ (m)	قنّاص
Patrouille (f)	dawriyya (f)	دوريّة
patrouillieren (vi)	qām bi dawriyya	قام بدوريّة
Wache (f)	ḥāris (m)	حارس
Krieger (m)	muḥārib (m)	محارب
Patriot (m)	waṭaniy (m)	وطنيّ
Held (m)	baṭal (m)	بطل
Heldin (f)	baṭala (f)	بطلة
Verräter (m)	χāʼin (m)	خائن
verraten (vt)	χān	خان
Deserteur (m)	hārib min al ʒayʃ (m)	هارب من الجيش
desertieren (vi)	harab min al ʒayʃ	هرب من الجيش
Söldner (m)	maʼʒūr (m)	مأجور
Rekrut (m)	ʒundiy ʒadīd (m)	جنديّ جديد
Freiwillige (m)	mutaṭawwiʻ (m)	متطوّع
Getoetete (m)	qatīl (m)	قتيل
Verwundete (m)	ʒarīḥ (m)	جريح
Kriegsgefangene (m)	asīr (m)	أسير

112. Krieg. Militärische Aktionen. Teil 1

Krieg (m)	ḥarb (f)	حرب
Krieg führen	ḥārab	حارب

Bürgerkrieg (m)	ḥarb ahliyya (f)	حرب أهليّة
heimtückisch (Adv)	ɣadran	غدرًا
Kriegserklärung (f)	i'lān ḥarb (m)	إعلان حرب
erklären (den Krieg ~)	a'lan	أعلن
Aggression (f)	'udwān (m)	عدوان
einfallen (Staat usw.)	haǧam	هجم
einfallen (in ein Land ~)	iḥtall	إحتلّ
Invasoren (pl)	muḥtall (m)	محتلّ
Eroberer (m), Sieger (m)	fātiḥ (m)	فاتح
Verteidigung (f)	difā' (m)	دفاع
verteidigen (vt)	dāfa'	دافع
sich verteidigen	dāfa' 'an nafsih	دافع عن نفسه
Feind (m)	'aduww (m)	عدوّ
Gegner (m)	xaṣm (m)	خصم
Feind-	'aduww	عدوّ
Strategie (f)	istratiǧiyya (f)	إستراتيجيّة
Taktik (f)	taktīk (m)	تكتيك
Befehl (m)	amr (m)	أمر
Anordnung (f)	amr (m)	أمر
befehlen (vt)	amar	أمر
Auftrag (m)	muhimma (f)	مهمّة
geheim (Adj)	sirriy	سرّيّ
Schlacht (f)	ma'raka (f)	معركة
Kampf (m)	qitāl (m)	قتال
Angriff (m)	huǧūm (m)	هجوم
Sturm (m)	inqiḍāḍ (m)	إنقضاض
stürmen (vt)	inqaḍḍ	إنقضّ
Belagerung (f)	ḥiṣār (m)	حصار
Angriff (m)	huǧūm (m)	هجوم
angreifen (vt)	haǧam	هجم
Rückzug (m)	insiḥāb (m)	إنسحاب
sich zurückziehen	insaḥab	إنسحب
Einkesselung (f)	iḥāṭa (f)	إحاطة
einkesseln (vt)	aḥāṭ	أحاط
Bombenangriff (m)	qaṣf (m)	قصف
eine Bombe abwerfen	asqaṭ qumbula	أسقط قنبلة
bombardieren (vt)	qaṣaf	قصف
Explosion (f)	infiǧār (m)	إنفجار
Schuss (m)	ṭalaqa (f)	طلقة
schießen (vt)	aṭlaq an nār	أطلق النار
Schießerei (f)	iṭlāq an nār (m)	إطلاق النار
zielen auf …	ṣawwab	صوّب
richten (die Waffe)	ṣawwab	صوّب

treffen (ins Schwarze ~)	aṣāb al hadaf	أصاب الهدف
versenken (vt)	aɣraq	أغرق
Loch (im Schiffsrumpf)	θuqb (m)	ثقب
versinken (Schiff)	ɣariq	غرق
Front (f)	ʒabha (f)	جبهة
Evakuierung (f)	iχlā' aṭ ṭawāri' (m)	إخلاء الطوارئ
evakuieren (vt)	aχla	أخلى
Schützengraben (m)	χandaq (m)	خندق
Stacheldraht (m)	aslāk ʃā'ika (pl)	أسلاك شائكة
Sperre (z.B. Panzersperre)	ḥāʒiz (m)	حاجز
Wachtturm (m)	burʒ muraqaba (m)	برج مراقبة
Lazarett (n)	mustaʃfa 'askariy (m)	مستشفى عسكريّ
verwunden (vt)	ʒaraḥ	جرح
Wunde (f)	ʒurḥ (m)	جرح
Verwundete (m)	ʒarīḥ (m)	جريح
verletzt sein	uṣīb bil ʒirāḥ	أصيب بالجراح
schwer (-e Verletzung)	χaṭīr	خطير

113. Krieg. Militärische Aktionen. Teil 2

Gefangenschaft (f)	asr (m)	أسر
gefangen nehmen (vt)	asar	أسر
in Gefangenschaft sein	kān asīran	كان أسيرًا
in Gefangenschaft geraten	waqa' fil asr	وقع في الأسر
Konzentrationslager (n)	mu'askar i'tiqāl (m)	معسكر إعتقال
Kriegsgefangene (m)	asīr (m)	أسير
fliehen (vi)	harab	هرب
verraten (vt)	χān	خان
Verräter (m)	χā'in (m)	خائن
Verrat (m)	χiyāna (f)	خيانة
erschießen (vt)	a'dam ramyan bir raṣāṣ	أعدم رميًا بالرصاص
Erschießung (f)	i'dām ramyan bir raṣāṣ (m)	إعدام رميًا بالرصاص
Ausrüstung (persönliche ~)	al 'itād al 'askariy (m)	العتاد العسكريّ
Schulterstück (n)	katāfa (f)	كتافة
Gasmaske (f)	qinā' al ɣāz (m)	قناع الغاز
Funkgerät (n)	ʒihāz lāsilkiy (m)	جهاز لاسلكيّ
Chiffre (f)	ʃifra (f)	شفرة
Geheimhaltung (f)	sirriyya (f)	سرّيّة
Kennwort (n)	kalimat al murūr (f)	كلمة مرور
Mine (f)	laɣm (m)	لغم
Minen legen	layyam	لغّم
Minenfeld (n)	ḥaql alɣām (m)	حقل ألغام
Luftalarm (m)	inðār ʒawwiy (m)	إنذار جويّ
Alarm (m)	inðār (m)	إنذار

Signal (n)	išāra (f)	إشارة
Signalrakete (f)	išāra muḍī'a (f)	إشارة مضيئة
Hauptquartier (n)	maqarr (m)	مقرّ
Aufklärung (f)	kaššāfat al istiṭlā' (f)	كشّافة الإستطلاع
Lage (f)	waḍ' (m)	وضع
Bericht (m)	taqrīr (m)	تقرير
Hinterhalt (m)	kamīn (m)	كمين
Verstärkung (f)	imdādāt 'askariyya (pl)	إمدادات عسكريّة
Zielscheibe (f)	hadaf (m)	هدف
Schießplatz (m)	ḥaql taǧārib (m)	حقل تجارب
Manöver (n)	munāwarāt 'askariyya (pl)	مناورات عسكريّة
Panik (f)	ðu'r (m)	ذعر
Verwüstung (f)	damār (m)	دمار
Trümmer (pl)	ḥiṭām (pl)	حطام
zerstören (vt)	dammar	دمّر
überleben (vi)	naǧa	نجا
entwaffnen (vt)	ǧarrad min as silāḥ	جرّد من السلاح
handhaben (vt)	ista'mal	إستعمل
Stillgestanden!	intibāh!	إنتباه!
Rühren!	istariḥ!	إسترح!
Heldentat (f)	ma'θara (f)	مأثرة
Eid (m), Schwur (m)	qasam (m)	قسم
schwören (vi, vt)	aqsam	أقسم
Lohn (Orden, Medaille)	wisām (m)	وسام
auszeichnen (mit Orden)	manaḥ	منح
Medaille (f)	midāliyya (f)	ميداليّة
Orden (m)	wisām 'askariy (m)	وسام عسكريّ
Sieg (m)	intiṣār - fawz (m)	إنتصار، فوز
Niederlage (f)	hazīma (f)	هزيمة
Waffenstillstand (m)	hudna (f)	هدنة
Fahne (f)	rāyat al ma'raka (f)	راية المعركة
Ruhm (m)	maǧd (m)	مجد
Parade (f)	isti'rāḍ 'askariy (m)	إستعراض عسكريّ
marschieren (vi)	sār	سار

114. Waffen

Waffe (f)	asliḥa (pl)	أسلحة
Schusswaffe (f)	asliḥa nāriyya (pl)	أسلحة ناريّة
blanke Waffe (f)	asliḥa bayḍā' (pl)	أسلحة بيضاء
chemischen Waffen (pl)	asliḥa kīmyā'iyya (pl)	أسلحة كيميائيّة
Kern-, Atom-	nawawiy	نوويّ
Kernwaffe (f)	asliḥa nawawiyya (pl)	أسلحة نوويّة
Bombe (f)	qumbula (f)	قنبلة

Atombombe (f)	qumbula nawawiyya (f)	قنبلة نوويّة
Pistole (f)	musaddas (m)	مسدّس
Gewehr (n)	bunduqiyya (f)	بندقيّة
Maschinenpistole (f)	bunduqiyya huʒūmiyya (f)	بندقيّة هجوميّة
Maschinengewehr (n)	raʃʃaʃ (m)	رشّاش
Mündung (f)	fūha (f)	فوهة
Lauf (Gewehr-)	sabṭāna (f)	سبطانة
Kaliber (n)	ʿiyār (m)	عيار
Abzug (m)	zinād (m)	زناد
Visier (n)	muṣawwib (m)	مصوّب
Magazin (n)	maxzan (m)	مخزن
Kolben (m)	ʿaqab al bunduqiyya (m)	عقب البندقيّة
Handgranate (f)	qumbula yadawiyya (f)	قنبلة يدويّة
Sprengstoff (m)	mawādd mutafaʒʒira (pl)	موادٌ متفجّرة
Kugel (f)	ruṣāṣa (f)	رصاصة
Patrone (f)	xartūʃa (f)	خرطوشة
Ladung (f)	haʃwa (f)	حشوة
Munition (f)	ðaxāʾir (pl)	ذخائر
Bomber (m)	qāðifat qanābil (f)	قاذفة قنابل
Kampfflugzeug (n)	ṭāʾira muqātila (f)	طائرة مقاتلة
Hubschrauber (m)	hiliukūbtir (m)	هليكوبتر
Flugabwehrkanone (f)	madfaθ muḍādd liṭ ṭaʾirāt (m)	مدفع مضادٌ للطائرات
Panzer (m)	dabbāba (f)	دبّابة
Panzerkanone (f)	madfaʿ ad dabbāba (m)	مدفع الدبّابة
Artillerie (f)	madfaʿiyya (f)	مدفعيّة
Kanone (f)	madfaʿ (m)	مدفع
richten (die Waffe)	ṣawwab	صوّب
Geschoß (n)	qaðīfa (f)	قذيفة
Wurfgranate (f)	qumbula hāwun (f)	قنبلة هاون
Granatwerfer (m)	hāwun (m)	هاون
Splitter (m)	ʃaẓiyya (f)	شظيّة
U-Boot (n)	ɣawwāṣa (f)	غوّاصة
Torpedo (m)	ṭurbīd (m)	طوربيد
Rakete (f)	ṣārūx (m)	صاروخ
laden (Gewehr)	haʃa	حشا
schießen (vi)	aṭlaq an nār	أطلق النار
zielen auf …	ṣawwab	صوّب
Bajonett (n)	harba (f)	حربة
Degen (m)	ʃīʃ (m)	شيش
Säbel (m)	sayf munḥani (m)	سيف منحن
Speer (m)	rumḥ (m)	رمح
Bogen (m)	qaws (m)	قوس
Pfeil (m)	sahm (m)	سهم
Muskete (f)	muskīt (m)	مسكيت
Armbrust (f)	qaws mustaʿraḍ (m)	قوس مستعرض

115. Menschen der Antike

vorzeitlich	bidā'iy	بدائيّ
prähistorisch	ma qabl at tarīx	ما قبل التاريخ
alt (antik)	qadīm	قديم
Steinzeit (f)	al ʿaṣr al ḥaǧariy (m)	العصر الحجريّ
Bronzezeit (f)	al ʿaṣr al brunziy (m)	العصر البرونزيّ
Eiszeit (f)	al ʿaṣr al ǧalīdiy (m)	العصر الجليديّ
Stamm (m)	qabīla (f)	قبيلة
Kannibale (m)	'ākil laḥm al baʃar (m)	آكل لحم البشر
Jäger (m)	ṣayyād (m)	صيّاد
jagen (vi)	iṣṭād	إصطاد
Mammut (n)	mamūθ (m)	ماموث
Höhle (f)	kahf (m)	كهف
Feuer (n)	nār (f)	نار
Lagerfeuer (n)	nār muxayyam (m)	نار مخيّم
Höhlenmalerei (f)	rasm fil kahf (m)	رسم في الكهف
Werkzeug (n)	adāt (f)	أداة
Speer (m)	rumḥ (m)	رمح
Steinbeil (n), Steinaxt (f)	fa's ḥaǧariy (m)	فأس حجريّ
Krieg führen	ḥārab	حارب
domestizieren (vt)	daǧǧan	دجّن
Idol (n)	ṣanam (m)	صنم
anbeten (vt)	ʿabad	عبد
Aberglaube (m)	xurāfa (f)	خرافة
Brauch (m), Ritus (m)	mansak (m)	منسك
Evolution (f)	taṭawwur (m)	تطوّر
Entwicklung (f)	numuww (m)	نموّ
Verschwinden (n)	ixtifā' (m)	إختفاء
sich anpassen	takayyaf	تكيّف
Archäologie (f)	ʿilm al 'āθār (m)	علم الآثار
Archäologe (m)	ʿālim 'āθār (m)	عالم آثار
archäologisch	aθariy	أثريّ
Ausgrabungsstätte (f)	mawqiʿ ḥafr (m)	موقع حفر
Ausgrabungen (pl)	tanqīb (m)	تنقيب
Fund (m)	iktiʃāf (m)	إكتشاف
Fragment (n)	qitʿa (f)	قطعة

116. Mittelalter

Volk (n)	ʃaʿb (m)	شعب
Völker (pl)	ʃuʿūb (pl)	شعوب
Stamm (m)	qabīla (f)	قبيلة
Stämme (pl)	qabā'il (pl)	قبائل
Barbaren (pl)	al barābira (pl)	البرابرة

Gallier (pl)	al ɣalyūn (pl)	الغاليون
Goten (pl)	al qūṭiyyūn (pl)	القوطيّون
Slawen (pl)	as silāf (pl)	السلاف
Wikinger (pl)	al vaykinɣ (pl)	الفايكينغ
Römer (pl)	ar rūmān (pl)	الرومان
römisch	rumāniy	رومانيّ
Byzantiner (pl)	bizanṭiyyūn (pl)	بيزنطيّون
Byzanz (n)	bīzanṭa (f)	بيزنطة
byzantinisch	bizanṭiy	بيزنطيّ
Kaiser (m)	imbiraṭūr (m)	إمبراطور
Häuptling (m)	zaʿīm (m)	زعيم
mächtig (Kaiser usw.)	qawiy	قويّ
König (m)	malik (m)	ملك
Herrscher (Monarch)	ḥākim (m)	حاكم
Ritter (m)	fāris (m)	فارس
Feudalherr (m)	iqṭāʿiy (m)	إقطاعيّ
feudal, Feudal-	iqṭāʿiy	إقطاعيّ
Vasall (m)	muqṭaʿ (m)	مقطع
Herzog (m)	dūq (m)	دوق
Graf (m)	īrl (m)	إيرل
Baron (m)	barūn (m)	بارون
Bischof (m)	usquf (m)	أسقف
Rüstung (f)	dirʿ (m)	درع
Schild (m)	turs (m)	ترس
Schwert (n)	sayf (m)	سيف
Visier (n)	ḥāffa amāmiyya lil xūða (f)	حافة أماميّة للخوذة
Panzerhemd (n)	dirʿ az zarad (m)	درع الزرد
Kreuzzug (m)	ḥamla ṣalībiyya (f)	حملة صليبيّة
Kreuzritter (m)	ṣalībiy (m)	صليبيّ
Territorium (n)	arḍ (f)	أرض
einfallen (vt)	haʒam	هجم
erobern (vt)	fataḥ	فتح
besetzen (Land usw.)	iḥtall	إحتلّ
Belagerung (f)	ḥiṣār (m)	حصار
belagert	muḥāṣar	محاصر
belagern (vt)	ḥāṣar	حاصر
Inquisition (f)	maḥākim at taftīʃ (pl)	محاكم التفتيش
Inquisitor (m)	mufattiʃ (m)	مفتش
Folter (f)	taʿðīb (m)	تعذيب
grausam (-e Folter)	qās	قاس
Häretiker (m)	harṭūqiy (m)	هرطوقيّ
Häresie (f)	harṭaqa (f)	هرطقة
Seefahrt (f)	as safar bil baḥr (m)	السفر بالبحر
Seeräuber (m)	qurṣān (m)	قرصان
Seeräuberei (f)	qarṣana (f)	قرصنة

Enterung (f)	muhāǧmat safīna (f)	مهاجمة سفينة
Beute (f)	ɣanīma (f)	غنيمة
Schätze (pl)	kunūz (pl)	كنوز
Entdeckung (f)	iktiʃāf (m)	إكتشاف
entdecken (vt)	iktaʃaf	إكتشف
Expedition (f)	baʻθa (f)	بعثة
Musketier (m)	fāris (m)	فارس
Kardinal (m)	kardināl (m)	كاردينال
Heraldik (f)	ʃiʻārāt an nabāla (pl)	شعارات النبالة
heraldisch	xāṣṣ bi ʃiʻārāt an nabāla	خاصّ بشعارات النبالة

117. Führungspersonen. Chef. Behörden

König (m)	malik (m)	ملك
Königin (f)	malika (f)	ملكة
königlich	malakiy	ملكيّ
Königreich (n)	mamlaka (f)	مملكة
Prinz (m)	amīr (m)	أمير
Prinzessin (f)	amīra (f)	أميرة
Präsident (m)	raʼīs (m)	رئيس
Vizepräsident (m)	nāʼib ar raʼīs (m)	نائب الرئيس
Senator (m)	ʻuḍw maǧlis aʃ ʃuyūx (m)	عضو مجلس الشيوخ
Monarch (m)	ʻāhil (m)	عاهل
Herrscher (m)	ḥākim (m)	حاكم
Diktator (m)	diktatūr (m)	ديكتاتور
Tyrann (m)	ṭāɣiya (f)	طاغية
Magnat (m)	raʼsmāliy kabīr (m)	رأسمالي كبير
Direktor (m)	mudīr (m)	مدير
Chef (m)	raʼīs (m)	رئيس
Leiter (einer Abteilung)	mudīr (m)	مدير
Boss (m)	raʼīs (m), mudīr (m)	رئيس, مدير
Eigentümer (m)	ṣāḥib (m)	صاحب
Führer (m)	zaʼīm (m)	زعيم
Leiter (Delegations-)	raʼīs (m)	رئيس
Behörden (pl)	suluṭāt (pl)	سلطات
Vorgesetzten (pl)	ruʼasāʼ (pl)	رؤساء
Gouverneur (m)	muḥāfiẓ (m)	محافظ
Konsul (m)	qunṣul (m)	قنصل
Diplomat (m)	diblumāsiy (m)	دبلوماسيّ
Bürgermeister (m)	raʼīs al baladiyya (m)	رئيس البلديّة
Sheriff (m)	ʃarīf (m)	شريف
Kaiser (m)	imbiraṭūr (m)	إمبراطور
Zar (m)	qayṣar (m)	قيصر
Pharao (m)	firʻawn (m)	فرعون
Khan (m)	xān (m)	خان

118. Gesetzesverstoß Verbrecher. Teil 1

Deutsch	Transkription	Arabisch
Bandit (m)	qāṭi' ṭarīq (m)	قاطع طريق
Verbrechen (n)	ʒarīma (f)	جريمة
Verbrecher (m)	muʒrim (m)	مجرم
Dieb (m)	sāriq (m)	سارق
stehlen (vt)	saraq	سرق
Diebstahl (m), Stehlen (n)	sirqa (f)	سرقة
kidnappen (vt)	χaṭaf	خطف
Kidnapping (n)	χaṭf (m)	خطف
Kidnapper (m)	χāṭif (m)	خاطف
Lösegeld (n)	fidya (f)	فدية
Lösegeld verlangen	ṭalab fidya	طلب فدية
rauben (vt)	nahab	نهب
Raub (m)	nahb (m)	نهب
Räuber (m)	nahhāb (m)	نهّاب
erpressen (vt)	balṭaʒ	بلطج
Erpresser (m)	balṭaʒiy (m)	بلطجي
Erpressung (f)	balṭaʒa (f)	بلطجة
morden (vt)	qatal	قتل
Mord (m)	qatl (m)	قتل
Mörder (m)	qātil (m)	قاتل
Schuss (m)	ṭalaqat nār (f)	طلقة نار
schießen (vt)	aṭlaq an nār	أطلق النار
erschießen (vt)	qatal bir ruṣāṣ	قتل بالرصاص
feuern (vi)	aṭlaq an nār	أطلق النار
Schießerei (f)	iṭlāq an nār (m)	إطلاق النار
Vorfall (m)	ḥādiθ (m)	حادث
Schlägerei (f)	'irāk (m)	عراك
Hilfe!	sā'idni	ساعدني!
Opfer (n)	ḍaḥiyya (f)	ضحية
beschädigen (vt)	atlaf	أتلف
Schaden (m)	χasāra (f)	خسارة
Leiche (f)	ʒuθθa (f)	جثة
schwer (-es Verbrechen)	'anīf	عنيف
angreifen (vt)	haʒam	هجم
schlagen (vt)	ḍarab	ضرب
verprügeln (vt)	ḍarab	ضرب
wegnehmen (vt)	salab	سلب
erstechen (vt)	ṭa'an ḥatta al mawt	طعن حتّى الموت
verstümmeln (vt)	ʃawwah	شوّه
verwunden (vt)	ʒaraḥ	جرح
Erpressung (f)	balṭaʒa (f)	بلطجة
erpressen (vt)	ibtazz	إبتزّ

Erpresser (m)	mubtazz (m)	مبتزّ
Schutzgelderpressung (f)	naṣb (m)	نصب
Erpresser (Racketeer)	naṣṣāb (m)	نصّاب
Gangster (m)	raʒul ʿiṣāba (m)	رجل عصابة
Mafia (f)	māfia (f)	مافيا
Taschendieb (m)	naʃʃāl (m)	نشّال
Einbrecher (m)	liṣṣ buyūt (m)	لصّ بيوت
Schmuggel (m)	tahrīb (m)	تهريب
Schmuggler (m)	muharrib (m)	مهرّب
Fälschung (f)	tazwīr (m)	تزوير
fälschen (vt)	zawwar	زوّر
gefälscht	muzawwar	مزوّر

119. Gesetzesbruch. Verbrecher. Teil 2

Vergewaltigung (f)	iɣtiṣāb (m)	إغتصاب
vergewaltigen (vt)	iɣtaṣab	إغتصب
Gewalttäter (m)	muɣtaṣib (m)	مغتصب
Besessene (m)	mahwūs (m)	مهووس
Prostituierte (f)	ʿāhira (f)	عاهرة
Prostitution (f)	daʿāra (f)	دعارة
Zuhälter (m)	qawwād (m)	قوّاد
Drogenabhängiger (m)	mudmin muxaddirāt (m)	مدمن مخدّرات
Drogenhändler (m)	tāʒir muxaddirāt (m)	تاجر مخدّرات
sprengen (vt)	faʒʒar	فجّر
Explosion (f)	infiʒār (m)	إنفجار
in Brand stecken	aʃʿal an nār	أشعل النار
Brandstifter (m)	muʃʿil ḥarīq (m)	مشعل حريق
Terrorismus (m)	irhāb (m)	إرهاب
Terrorist (m)	irhābiy (m)	إرهابيّ
Geisel (m, f)	rahīna (m)	رهينة
betrügen (vt)	iḥtāl	إحتال
Betrug (m)	iḥtiyāl (m)	إحتيال
Betrüger (m)	muḥtāl (m)	محتال
bestechen (vt)	raʃa	رشا
Bestechlichkeit (f)	irtiʃāʾ (m)	إرتشاء
Bestechungsgeld (n)	raʃwa (f)	رشوة
Gift (n)	samm (m)	سمّ
vergiften (vt)	sammam	سمّم
sich vergiften	sammam nafsahu	سمّم نفسه
Selbstmord (m)	intiḥār (m)	إنتحار
Selbstmörder (m)	muntaḥir (m)	منتحر
drohen (vi)	haddad	هدّد
Drohung (f)	tahdīd (m)	تهديد

versuchen (vt)	ḥāwal iɣtiyāl	حاول الإغتيال
Attentat (n)	muḥāwalat iɣtiyāl (f)	محاولة إغتيال
stehlen (Auto ~)	saraq	سرق
entführen (Flugzeug ~)	iχtaṭaf	إختطف
Rache (f)	intiqām (m)	إنتقام
sich rächen	intaqam	إنتقم
foltern (vt)	ʿaððab	عذّب
Folter (f)	taʿðīb (m)	تعذيب
quälen (vt)	ʿaððab	عذّب
Seeräuber (m)	qurṣān (m)	قرصان
Rowdy (m)	wabaʃ (m)	وبش
bewaffnet	musallaḥ	مسلّح
Gewalt (f)	ʿunf (m)	عنف
ungesetzlich	ɣayr qānūniy	غير قانونيّ
Spionage (f)	taʒassas (m)	تجسّس
spionieren (vi)	taʒassas	تجسّس

120. Polizei Recht. Teil 1

Justiz (f)	qaḍāʾ (m)	قضاء
Gericht (n)	maḥkama (f)	محكمة
Richter (m)	qāḍi (m)	قاضٍ
Geschworenen (pl)	muḥallafūn (pl)	محلفون
Geschworenengericht (n)	qaḍāʾ al muḥallafīn (m)	قضاء المحلفين
richten (vt)	ḥakam	حكم
Rechtsanwalt (m)	muḥāmi (m)	محامٍ
Angeklagte (m)	muddaʿa ʿalayh (m)	مدّعى عليه
Anklagebank (f)	qafṣ al ittihām (m)	قفص الإتهام
Anklage (f)	ittihām (m)	إتّهام
Beschuldigte (m)	muttaham (m)	متّهم
Urteil (n)	ḥukm (m)	حكم
verurteilen (vt)	ḥakam	حكم
Schuldige (m)	muðnib (m)	مذنب
bestrafen (vt)	ʿāqab	عاقب
Strafe (f)	ʿuqūba (f), ʿiqāb (m)	عقوبة, عقاب
Geldstrafe (f)	ɣarāma (f)	غرامة
lebenslange Haft (f)	siʒn mada al ḥayāt (m)	سجن مدى الحياة
Todesstrafe (f)	ʿuqūbat ʾiʿdām (f)	عقوبة إعدام
elektrischer Stuhl (m)	kursiy kaharabāʾiy (m)	كرسيّ كهربائيّ
Galgen (m)	maʃnaqa (f)	مشنقة
hinrichten (vt)	aʿdam	أعدم
Hinrichtung (f)	iʿdām (m)	إعدام

Gefängnis (n)	siʒn (m)	سجن
Zelle (f)	zinzāna (f)	زنزانة
Eskorte (f)	ḥirāsa (f)	حراسة
Gefängniswärter (m)	ḥāris siʒn (m)	حارس سجن
Gefangene (m)	saʒīn (m)	سجين
Handschellen (pl)	aṣfād (pl)	أصفاد
Handschellen anlegen	ṣaffad	صفّد
Ausbruch (Flucht)	hurūb min as siʒn (m)	هروب من السجن
ausbrechen (vi)	harab	هرب
verschwinden (vi)	ixtafa	إختفى
aus ... entlassen	axla sabīl	أخلى سبيل
Amnestie (f)	ʿafw ʿāmm (m)	عفو عام
Polizei (f)	ʃurṭa (f)	شرطة
Polizist (m)	ʃurṭiy (m)	شرطيّ
Polizeiwache (f)	qism ʃurṭa (m)	قسم شرطة
Gummiknüppel (m)	hirāwat aʃ ʃurṭiy (f)	هراوة الشرطيّ
Sprachrohr (n)	būq (m)	بوق
Streifenwagen (m)	sayyārat dawrīyyāt (f)	سيّارة دوريّات
Sirene (f)	ṣaffārat inðār (f)	صفّارة إنذار
die Sirene einschalten	aṭlaq sirīna	أطلق سرينة
Sirenengeheul (n)	ṣawt sirīna (m)	صوت سرينة
Tatort (m)	masraḥ al ʒarīma (m)	مسرح الجريمة
Zeuge (m)	ʃāhid (m)	شاهد
Freiheit (f)	ḥurriyya (f)	حرّيّة
Komplize (m)	ʃarīk fil ʒarīma (m)	شريك في الجريمة
verschwinden (vi)	harab	هرب
Spur (f)	aθar (m)	أثر

121. Polizei. Recht. Teil 2

Fahndung (f)	baḥθ (m)	بحث
suchen (vt)	baḥaθ	بحث
Verdacht (m)	ʃubha (f)	شبهة
verdächtig (Adj)	maʃbūh	مشبوه
anhalten (Polizei)	awqaf	أوقف
verhaften (vt)	iʿtaqal	إعتقل
Fall (m), Klage (f)	qaḍiyya (f)	قضيّة
Untersuchung (f)	taḥqīq (m)	تحقيق
Detektiv (m)	muḥaqqiq (m)	محقّق
Ermittlungsrichter (m)	mufattiʃ (m)	مفتّش
Version (f)	riwāya (f)	رواية
Motiv (n)	dāfiʿ (m)	دافع
Verhör (n)	istiʒwāb (m)	إستجواب
verhören (vt)	istaʒwab	إستجوب
vernehmen (vt)	istantaq	إستنطق
Kontrolle (Personen-)	faḥṣ (m)	فحص

Deutsch	Transkription	Arabisch
Razzia (f)	ʒamʿ (m)	جمع
Durchsuchung (f)	taftīʃ (m)	تفتيش
Verfolgung (f)	muṭārada (f)	مطاردة
nachjagen (vi)	ṭārad	طارد
verfolgen (vt)	tābaʿ	تابع
Verhaftung (f)	iʿtiqāl (m)	إعتقال
verhaften (vt)	iʿtaqal	إعتقل
fangen (vt)	qabaḍ	قبض
Festnahme (f)	qabḍ (m)	قبض
Dokument (n)	waθīqa (f)	وثيقة
Beweis (m)	dalīl (m)	دليل
beweisen (vt)	aθbat	أثبت
Fußspur (f)	baṣma (f)	بصمة
Fingerabdrücke (pl)	baṣamāt al aṣābiʿ (pl)	بصمات الأصابع
Beweisstück (n)	dalīl (m)	دليل
Alibi (n)	dafʿ bil ɣayba (f)	دفع بالغيبة
unschuldig	barīʾ	بريء
Ungerechtigkeit (f)	ẓulm (m)	ظلم
ungerecht	ɣayr ʿādil	غير عادل
Kriminal-	iʒrāmiy	إجرامي
beschlagnahmen (vt)	ṣādar	صادر
Droge (f)	muxaddirāt (pl)	مخدّرات
Waffe (f)	silāḥ (m)	سلاح
entwaffnen (vt)	ʒarrad min as silāḥ	جرّد من السلاح
befehlen (vt)	amar	أمر
verschwinden (vi)	ixtafa	إختفى
Gesetz (n)	qānūn (m)	قانون
gesetzlich	qānūniy, ʃarʿiy	قانونيّ، شرعيّ
ungesetzlich	ɣayr qanūny, ɣayr ʃarʿi	غير قانونيّ، غير شرعيّ
Verantwortlichkeit (f)	masʾūliyya (f)	مسؤوليّة
verantwortlich	masʾūl (m)	مسؤول

NATUR

Die Erde. Teil 1

122. Weltall

Kosmos (m)	faḍā' (m)	فضاء
kosmisch, Raum-	faḍā'iy	فضائيّ
Weltraum (m)	faḍā' (m)	فضاء
All (n)	'ālam (m)	عالم
Universum (n)	al kawn (m)	الكون
Galaxie (f)	al maʒarra (f)	المجرة
Stern (m)	naʒm (m)	نجم
Gestirn (n)	burʒ (m)	برج
Planet (m)	kawkab (m)	كوكب
Satellit (m)	qamar ṣinā'iy (m)	قمر صناعيّ
Meteorit (m)	haʒar nayzakiy (m)	حجر نيزكيّ
Komet (m)	muðannab (m)	مذنّب
Asteroid (m)	kuwaykib (m)	كويكب
Umlaufbahn (f)	madār (m)	مدار
sich drehen	dār	دار
Atmosphäre (f)	al ɣilāf al ʒawwiy (m)	الغلاف الجوّيّ
Sonne (f)	aʃ ʃams (f)	الشمس
Sonnensystem (n)	al maʒmū'a aʃ ʃamsiyya (f)	المجموعة الشمسيّة
Sonnenfinsternis (f)	kusūf aʃ ʃams (m)	كسوف الشمس
Erde (f)	al arḍ (f)	الأرض
Mond (m)	al qamar (m)	القمر
Mars (m)	al mirrīx (m)	المرّيخ
Venus (f)	az zahra (f)	الزهرة
Jupiter (m)	al muʃtari (m)	المشتري
Saturn (m)	zuḥal (m)	زحل
Merkur (m)	'aṭārid (m)	عطارد
Uran (m)	urānus (m)	اورانوس
Neptun (m)	nibtūn (m)	نبتون
Pluto (m)	blūtu (m)	بلوتو
Milchstraße (f)	darb at tabbāna (m)	درب التبّانة
Der Große Bär	ad dubb al akbar (m)	الدبّ الأكبر
Polarstern (m)	naʒm al 'quṭb (m)	نجم القطب
Marsbewohner (m)	sākin al mirrīx (m)	ساكن المرّيخ
Außerirdischer (m)	faḍā'iy (m)	فضائيّ

außerirdisches Wesen (n)	faḍā'iy (m)	فضائيٌ
fliegende Untertasse (f)	ṭabaq ṭā'ir (m)	طبق طائر
Raumschiff (n)	markaba faḍā'iyya (f)	مركبة فضائيّة
Raumstation (f)	maḥaṭṭat faḍā' (f)	محطّة فضاء
Raketenstart (m)	intilāq (m)	إنطلاق
Triebwerk (n)	mutūr (m)	موتور
Düse (f)	manfaθ (m)	منفث
Treibstoff (m)	wuqūd (m)	وقود
Kabine (f)	kabīna (f)	كابينة
Antenne (f)	hawā'iy (m)	هوائيٌ
Bullauge (n)	kuwwa mustadīra (f)	كوّة مستديرة
Sonnenbatterie (f)	lawḥ ʃamsiy (m)	لوح شمسيٌ
Raumanzug (m)	baðlat al faḍā' (f)	بذلة الفضاء
Schwerelosigkeit (f)	in'idām al wazn (m)	إنعدام الوزن
Sauerstoff (m)	uksiʒīn (m)	أكسجين
Ankopplung (f)	rasw (m)	رسو
koppeln (vi)	rasa	رسا
Observatorium (n)	marṣad (m)	مرصد
Teleskop (n)	tiliskūp (m)	تلسكوب
beobachten (vt)	rāqab	راقب
erforschen (vt)	istakʃaf	إستكشف

123. Die Erde

Erde (f)	al arḍ (f)	الأرض
Erdkugel (f)	al kura al arḍiyya (f)	الكرة الأرضيّة
Planet (m)	kawkab (m)	كوكب
Atmosphäre (f)	al ɣilāf al ʒawwiy (m)	الغلاف الجويّ
Geographie (f)	ʒuɣrāfiya (f)	جغرافيا
Natur (f)	ṭabī'a (f)	طبيعة
Globus (m)	namūðaʒ lil kura al arḍiyya (m)	نموذج للكرة الأرضيّة
Landkarte (f)	xarīṭa (f)	خريطة
Atlas (m)	aṭlas (m)	أطلس
Europa (n)	urūbba (f)	أوروبّا
Asien (n)	'āsiya (f)	آسيا
Afrika (n)	afrīqiya (f)	أفريقيا
Australien (n)	usturāliya (f)	أستراليا
Amerika (n)	amrīka (f)	أمريكا
Nordamerika (n)	amrīka aʃ ʃimāliyya (f)	أمريكا الشماليّة
Südamerika (n)	amrīka al ʒanūbiyya (f)	أمريكا الجنوبيّة
Antarktis (f)	al quṭb al ʒanūbiy (m)	القطب الجنوبيّ
Arktis (f)	al quṭb aʃ ʃimāliy (m)	القطب الشماليّ

124. Himmelsrichtungen

Norden (m)	ʃimāl (m)	شمال
nach Norden	ilaʃ ʃimāl	إلى الشمال
im Norden	fiʃ ʃimāl	في الشمال
nördlich	ʃimāliy	شماليّ
Süden (m)	ӡanūb (m)	جنوب
nach Süden	ilal ӡanūb	إلى الجنوب
im Süden	fil ӡanūb	في الجنوب
südlich	ӡanūbiy	جنوبيّ
Westen (m)	ɣarb (m)	غرب
nach Westen	ilal ɣarb	إلى الغرب
im Westen	fil ɣarb	في الغرب
westlich, West-	ɣarbiy	غربيّ
Osten (m)	ʃarq (m)	شرق
nach Osten	ilaʃ ʃarq	إلى الشرق
im Osten	fiʃ ʃarq	في الشرق
östlich	ʃarqiy	شرقيّ

125. Meer. Ozean

Meer (n), See (f)	baḥr (m)	بحر
Ozean (m)	muḥīṭ (m)	محيط
Golf (m)	χalīӡ (m)	خليج
Meerenge (f)	maḍīq (m)	مضيق
Festland (n)	barr (m)	برّ
Kontinent (m)	qārra (f)	قارّة
Insel (f)	ӡazīra (f)	جزيرة
Halbinsel (f)	ʃibh ӡazīra (f)	شبه جزيرة
Archipel (m)	maӡmū'at ӡuzur (f)	مجموعة جزر
Bucht (f)	χalīӡ (m)	خليج
Hafen (m)	mīnā' (m)	ميناء
Lagune (f)	buḥayra ʃāṭi'a (f)	بحيرة شاطئة
Kap (n)	ra's (m)	رأس
Atoll (n)	ӡazīra marӡāniyya istiwā'iyya (f)	جزيزة مرجانيّة إستوائيّة
Riff (n)	ʃi'āb (pl)	شعاب
Koralle (f)	murӡān (m)	مرجان
Korallenriff (n)	ʃi'āb marӡāniyya (pl)	شعاب مرجانيّة
tief (Adj)	'amīq	عميق
Tiefe (f)	'umq (m)	عمق
Abgrund (m)	mahwāt (f)	مهواة
Graben (m)	χandaq (m)	خندق
Strom (m)	tayyār (m)	تيّار
umspülen (vt)	aḥāṭ	أحاط

Ufer (n)	sāhil (m)	ساحل
Küste (f)	sāhil (m)	ساحل
Flut (f)	madd (m)	مدّ
Ebbe (f)	ʒazr (m)	جزر
Sandbank (f)	miyāh ḍaḥla (f)	مياه ضحلة
Boden (m)	qāʿ (m)	قاع
Welle (f)	mawʒa (f)	موجة
Wellenkamm (m)	qimmat mawʒa (f)	قمّة موجة
Schaum (m)	zabad al baḥr (m)	زبد البحر
Sturm (m)	ʿāṣifa (f)	عاصفة
Orkan (m)	iʿṣār (m)	إعصار
Tsunami (m)	tsunāmi (m)	تسونامي
Windstille (f)	hudūʾ (m)	هدوء
ruhig	hādiʾ	هادئ
Pol (m)	quṭb (m)	قطب
Polar-	quṭby	قطبي
Breite (f)	ʿarḍ (m)	عرض
Länge (f)	ṭūl (m)	طول
Breitenkreis (m)	mutawāzi (m)	متواز
Äquator (m)	xaṭṭ al istiwāʾ (m)	خط الإستواء
Himmel (m)	samāʾ (f)	سماء
Horizont (m)	ufuq (m)	أفق
Luft (f)	hawāʾ (m)	هواء
Leuchtturm (m)	manāra (f)	منارة
tauchen (vi)	ɣāṣ	غاص
versinken (vi)	ɣariq	غرق
Schätze (pl)	kunūz (pl)	كنوز

126. Namen der Meere und Ozeane

Atlantischer Ozean (m)	al muḥīṭ al aṭlasiy (m)	المحيط الأطلسيّ
Indischer Ozean (m)	al muḥīṭ al hindiy (m)	المحيط الهنديّ
Pazifischer Ozean (m)	al muḥīṭ al hādiʾ (m)	المحيط الهادئ
Arktischer Ozean (m)	al muḥīṭ il mutaʒammid aʃ ʃimāliy (m)	المحيط المتجمّد الشماليّ
Schwarzes Meer (n)	al baḥr al aswad (m)	البحر الأسود
Rotes Meer (n)	al baḥr al aḥmar (m)	البحر الأحمر
Gelbes Meer (n)	al baḥr al aṣfar (m)	البحر الأصفر
Weißes Meer (n)	al baḥr al abyaḍ (m)	البحر الأبيض
Kaspisches Meer (n)	baḥr qazwīn (m)	بحر قزوين
Totes Meer (n)	al baḥr al mayyit (m)	البحر الميّت
Mittelmeer (n)	al baḥr al abyaḍ al mutawassiṭ (m)	البحر الأبيض المتوسّط
Ägäisches Meer (n)	baḥr īʒah (m)	بحر إيجة
Adriatisches Meer (n)	al baḥr al adriyatīkiy (m)	البحر الأدرياتيكيّ

Arabisches Meer (n)	bahr al ʿarab (m)	بحر العرب
Japanisches Meer (n)	bahr al yabān (m)	بحر اليابان
Beringmeer (n)	bahr biringʒ (m)	بحر بيرينغ
Südchinesisches Meer (n)	bahr aṣ ṣīn al ʒanūbiy (m)	بحر الصين الجنوبي
Korallenmeer (n)	bahr al marʒān (m)	بحر المرجان
Tasmansee (f)	bahr tasmān (m)	بحر تسمان
Karibisches Meer (n)	al bahr al karībiy (m)	البحر الكاريبي
Barentssee (f)	bahr barints (m)	بحر بارينس
Karasee (f)	bahr kara (m)	بحر كارا
Nordsee (f)	bahr aʃ ʃimāl (m)	بحر الشمال
Ostsee (f)	al bahr al baltīq (m)	البحر البلطيق
Nordmeer (n)	bahr an narwīʒ (m)	بحر النرويج

127. Berge

Berg (m)	ʒabal (m)	جبل
Gebirgskette (f)	silsilat ʒibāl (f)	سلسلة جبال
Bergrücken (m)	qimam ʒabaliyya (pl)	قمم جبليّة
Gipfel (m)	qimma (f)	قمّة
Spitze (f)	qimma (f)	قمة
Bergfuß (m)	asfal (m)	أسفل
Abhang (m)	munhadar (m)	منحدر
Vulkan (m)	burkān (m)	بركان
tätiger Vulkan (m)	burkān naʃiṭ (m)	بركان نشط
schlafender Vulkan (m)	burkān xāmid (m)	بركان خامد
Ausbruch (m)	θawrān (m)	ثوران
Krater (m)	fūhat al burkān (f)	فوهة البركان
Magma (n)	māyma (f)	ماغما
Lava (f)	humam burkāniyya (pl)	حمم بركانيّة
glühend heiß (-e Lava)	munṣahira	منصهرة
Cañon (m)	talʿa (m)	تلعة
Schlucht (f)	wādi ḍayyiq (m)	واد ضيّق
Spalte (f)	ʃaqq (m)	شقّ
Abgrund (m) (steiler ~)	hāwiya (f)	هاوية
Gebirgspass (m)	mamarr ʒabaliy (m)	ممرّ جبليّ
Plateau (n)	haḍba (f)	هضبة
Fels (m)	ʒurf (m)	جرف
Hügel (m)	tall (m)	تلّ
Gletscher (m)	nahr ʒalīdiy (m)	نهر جليديّ
Wasserfall (m)	ʃallāl (m)	شلّال
Geiser (m)	fawwāra ḥārra (f)	فوّارة حارّة
See (m)	buḥayra (f)	بحيرة
Ebene (f)	sahl (m)	سهل
Landschaft (f)	manẓar ṭabīʿiy (m)	منظر طبيعيّ

Echo (n)	ṣada (m)	صدى
Bergsteiger (m)	mutasalliq al ʒibāl (m)	متسلّق الجبال
Kletterer (m)	mutasalliq suxūr (m)	متسلّق صخور
bezwingen (vt)	taɣallab ʿala	تغلّب على
Aufstieg (m)	tasalluq (m)	تسلّق

128. Namen der Berge

Alpen (pl)	ʒibāl al alb (pl)	جبال الألب
Montblanc (m)	mūn blūn (m)	مون بلون
Pyrenäen (pl)	ʒibāl al barānis (pl)	جبال البرانس
Karpaten (pl)	ʒibāl al karbāt (pl)	جبال الكاربات
Uralgebirge (n)	ʒibāl al ʾūrāl (pl)	جبال الأورال
Kaukasus (m)	ʒibāl al qawqāz (pl)	جبال القوقاز
Elbrus (m)	ʒabal ilbrūs (m)	جبل إلبروس
Altai (m)	ʒibāl altāy (pl)	جبال ألتاي
Tian Shan (m)	ʒibāl tian ʃan (pl)	جبال تيان شان
Pamir (m)	ʒibāl bamīr (pl)	جبال بامير
Himalaja (m)	himalāya (pl)	هيمالايا
Everest (m)	ʒabal ivirist (m)	جبل افرست
Anden (pl)	ʒibāl al andīz (pl)	جبال الأنديز
Kilimandscharo (m)	ʒabal kilimanʒāru (m)	جبل كليمنجارو

129. Flüsse

Fluss (m)	nahr (m)	نهر
Quelle (f)	ʿayn (m)	عين
Flussbett (n)	maʒra an nahr (m)	مجرى النهر
Stromgebiet (n)	ḥawḍ (m)	حوض
einmünden in …	ṣabb fi …	صبّ في…
Nebenfluss (m)	rāfid (m)	رافد
Ufer (n)	ḍiffa (f)	ضفّة
Strom (m)	tayyār (m)	تيّار
stromabwärts	f ittiʒāh maʒra an nahr	في إتجاه مجرى النهر
stromaufwärts	ḍidd at tayyār	ضدّ التيّار
Überschwemmung (f)	ɣamr (m)	غمر
Hochwasser (n)	fayaḍān (m)	فيضان
aus den Ufern treten	fāḍ	فاض
überfluten (vt)	ɣamar	غمر
Sandbank (f)	miyāh ḍaḥla (f)	مياه ضحلة
Stromschnelle (f)	munḥadar an nahr (m)	منحدر النهر
Damm (m)	sadd (m)	سدّ
Kanal (m)	qanāt (f)	قناة
Stausee (m)	xazzān māʾiy (m)	خزّان مائيّ

Schleuse (f)	hawīs (m)	هويس
Gewässer (n)	mastaḥ mā'iy (m)	مسطح مائيّ
Sumpf (m), Moor (n)	mustanqaʿ (m)	مستنقع
Marsch (f)	mustanqaʿ (m)	مستنقع
Strudel (m)	dawwāma (f)	دوّامة
Bach (m)	ʒadwal mā'iy (m)	جدول مائيّ
Trink- (z.B. Trinkwasser)	aʃʃurb	الشرب
Süß- (Wasser)	ʿaðb	عذب
Eis (n)	ʒalīd (m)	جليد
zufrieren (vi)	taʒammad	تجمّد

130. Namen der Flüsse

Seine (f)	nahr as sīn (m)	نهر السين
Loire (f)	nahr al lua:r (m)	نهر اللوار
Themse (f)	nahr at tīmz (m)	نهر التيمز
Rhein (m)	nahr ar rayn (m)	نهر الراين
Donau (f)	nahr ad danūb (m)	نهر الدانوب
Wolga (f)	nahr al vulɣa (m)	نهر الفولغا
Don (m)	nahr ad dūn (m)	نهر الدون
Lena (f)	nahr līna (m)	نهر لينا
Gelber Fluss (m)	an nahr al aṣfar (m)	النهر الأصفر
Jangtse (m)	nahr al yanɣtsi (m)	نهر اليانغتسي
Mekong (m)	nahr al mikunɣ (m)	نهر الميكونغ
Ganges (m)	nahr al ɣānʒ (m)	نهر الغانج
Nil (m)	nahr an nīl (m)	نهر النيل
Kongo (m)	nahr al kunɣu (m)	نهر الكونغو
Okavango (m)	nahr ukavanʒu (m)	نهر اوكافانجو
Sambesi (m)	nahr az zambizi (m)	نهر الزمبيزي
Limpopo (m)	nahr limbubu (m)	نهر ليمبوبو
Mississippi (m)	nahr al mississibbi (m)	نهر الميسيسيبي

131. Wald

Wald (m)	ɣāba (f)	غابة
Wald-	ɣāba	غابة
Dickicht (n)	ɣāba kaθīfa (f)	غابة كثيفة
Gehölz (n)	ɣāba ṣaɣīra (f)	غابة صغيرة
Lichtung (f)	minṭaqa uzīlat minha al aʃʒār (f)	منطقة أزيلت منها الأشجار
Dickicht (n)	aʒama (f)	أجمة
Gebüsch (n)	ʃuʒayrāt (pl)	شجيرات
Fußweg (m)	mamarr (m)	ممرّ
Erosionsrinne (f)	wādi ḍayyiq (m)	واد ضيّق

Baum (m)	ʃaӡara (f)	شجرة
Blatt (n)	waraqa (f)	ورقة
Laub (n)	waraq (m)	ورق
Laubfall (m)	tasāquṭ al awrāq (m)	تساقط الأوراق
fallen (Blätter)	saqaṭ	سقط
Wipfel (m)	ra's (m)	رأس
Zweig (m)	ɣuṣn (m)	غصن
Ast (m)	ɣuṣn (m)	غصن
Knospe (f)	burʿum (m)	برعم
Nadel (f)	ʃawka (f)	شوكة
Zapfen (m)	kūz aṣ ṣanawbar (m)	كوز الصنوبر
Höhlung (f)	ӡawf (m)	جوف
Nest (n)	ʿuʃʃ (m)	عش
Höhle (f)	ӡuḥr (m)	جحر
Stamm (m)	ӡiðʿ (m)	جذع
Wurzel (f)	ӡiðr (m)	جذر
Rinde (f)	liḥā' (m)	لحاء
Moos (n)	ṭuḥlub (m)	طحلب
entwurzeln (vt)	iqtalaʿ	إقتلع
fällen (vt)	qaṭaʿ	قطع
abholzen (vt)	azāl al ɣābāt	أزال الغابات
Baumstumpf (m)	ӡiðʿ aʃ ʃaӡara (m)	جذع الشجرة
Lagerfeuer (n)	nār muxayyam (m)	نار مخيّم
Waldbrand (m)	ḥarīq ɣāba (m)	حريق غابة
löschen (vt)	aṭfa'	أطفأ
Förster (m)	ḥāris al ɣāba (m)	حارس الغابة
Schutz (m)	ḥimāya (f)	حماية
beschützen (vt)	ḥama	حمى
Wilddieb (m)	sāriq aṣ ṣayd (m)	سارق الصيد
Falle (f)	maṣyada (f)	مصيدة
sammeln, pflücken (vt)	ӡamaʿ	جمع
sich verirren	tāh	تاه

132. natürliche Lebensgrundlagen

Naturressourcen (pl)	θarawāt ṭabīʿiyya (pl)	ثروات طبيعيّة
Bodenschätze (pl)	maʿādin (pl)	معادن
Vorkommen (n)	makāmin (pl)	مكامن
Feld (Ölfeld usw.)	ḥaql (m)	حقل
gewinnen (vt)	istaxraӡ	إستخرج
Gewinnung (f)	istixrāӡ (m)	إستخراج
Erz (n)	xām (m)	خام
Bergwerk (n)	manӡam (m)	منجم
Schacht (m)	manӡam (m)	منجم
Bergarbeiter (m)	ʿāmil manӡam (m)	عامل منجم

| Erdgas (n) | ɣāz (m) | غاز |
| Gasleitung (f) | ḫaṭṭ anābīb ɣāz (m) | خط أنابيب غاز |

Erdöl (n)	nafṭ (m)	نفط
Erdölleitung (f)	anābīb an nafṭ (pl)	أنابيب النفط
Ölquelle (f)	bi'r an nafṭ (m)	بئر النفط
Bohrturm (m)	ḥaffāra (f)	حفّارة
Tanker (m)	nāqilat an nafṭ (f)	ناقلة النفط

Sand (m)	raml (m)	رمل
Kalkstein (m)	ḥaʒar kalsiy (m)	حجر كلسيّ
Kies (m)	ḥaṣa (m)	حصى
Torf (m)	ḫaθθ faḥm nabātiy (m)	خثّ فحم نباتيّ
Ton (m)	ṭīn (m)	طين
Kohle (f)	faḥm (m)	فحم

Eisen (n)	ḥadīd (m)	حديد
Gold (n)	ðahab (m)	ذهب
Silber (n)	fiḍḍa (f)	فضّة
Nickel (n)	nikil (m)	نيكل
Kupfer (n)	nuḥās (m)	نحاس

Zink (n)	zink (m)	زنك
Mangan (n)	manɣanīz (m)	منغنيز
Quecksilber (n)	zi'baq (m)	زئبق
Blei (n)	ruṣāṣ (m)	رصاص

Mineral (n)	ma'dan (m)	معدن
Kristall (m)	ballūra (f)	بلّورة
Marmor (m)	ruḫām (m)	رخام
Uran (n)	yurānuim (m)	يورانيوم

Die Erde. Teil 2

133. Wetter

Wetter (n)	taqs (m)	طقس
Wetterbericht (m)	naʃra ʒawwiyya (f)	نشرة جوّيّة
Temperatur (f)	ḥarāra (f)	حرارة
Thermometer (n)	tirmūmitr (m)	ترمومتر
Barometer (n)	barūmitr (m)	بارومتر
feucht	raṭib	رطب
Feuchtigkeit (f)	ruṭūba (f)	رطوبة
Hitze (f)	ḥarāra (f)	حرارة
glutheiß	ḥārr	حارّ
ist heiß	al ʒaww ḥārr	الجوّ حارّ
ist warm	al ʒaww dāfi'	الجوّ دافئ
warm (Adj)	dāfi'	دافئ
ist kalt	al ʒaww bārid	الجوّ بارد
kalt (Adj)	bārid	بارد
Sonne (f)	ʃams (f)	شمس
scheinen (vi)	aḍā'	أضاء
sonnig (Adj)	muʃmis	مشمس
aufgehen (vi)	ʃaraq	شرق
untergehen (vi)	ɣarab	غرب
Wolke (f)	saḥāba (f)	سحابة
bewölkt, wolkig	ɣā'im	غائم
Regenwolke (f)	saḥābat maṭar (f)	سحابة مطر
trüb (-er Tag)	ɣā'im	غائم
Regen (m)	maṭar (m)	مطر
Es regnet	innaha tamṭur	إنّها تمطر
regnerisch (-er Tag)	mumṭir	ممطر
nieseln (vi)	raðð	رذّ
strömender Regen (m)	maṭar munhamir (f)	مطر منهمر
Regenschauer (m)	maṭar ɣazīr (m)	مطر غزير
stark (-er Regen)	ʃadīd	شديد
Pfütze (f)	birka (f)	بركة
nass werden (vi)	ibtall	إبتلّ
Nebel (m)	ḍabāb (m)	ضباب
neblig (-er Tag)	muḍabbab	مضبّب
Schnee (m)	θalʒ (m)	ثلج
Es schneit	innaha taθluʒ	إنّها تثلج

134. Unwetter Naturkatastrophen

Gewitter (n)	'āṣifa ra'diyya (f)	عاصفة رعديّة
Blitz (m)	barq (m)	برق
blitzen (vi)	baraq	برق
Donner (m)	ra'd (m)	رعد
donnern (vi)	ra'ad	رعد
Es donnert	tar'ad as samā'	ترعد السماء
Hagel (m)	maṭar bard (m)	مطر برد
Es hagelt	tamṭur as samā' bardan	تمطر السماء برداً
überfluten (vt)	ɣamar	غمر
Überschwemmung (f)	fayaḍān (m)	فيضان
Erdbeben (n)	zilzāl (m)	زلزال
Erschütterung (f)	hazza arḍiyya (f)	هزّة أرضيّة
Epizentrum (n)	markaz az zilzāl (m)	مركز الزلزال
Ausbruch (m)	θawrān (m)	ثوران
Lava (f)	ḥumam burkāniyya (pl)	حمم بركانيّة
Wirbelsturm (m), Tornado (m)	i'ṣār (m)	إعصار
Taifun (m)	ṭūfān (m)	طوفان
Orkan (m)	i'ṣār (m)	إعصار
Sturm (m)	'āṣifa (f)	عاصفة
Tsunami (m)	tsunāmi (m)	تسونامي
Zyklon (m)	i'ṣār (m)	إعصار
Unwetter (n)	ṭaqs sayyi' (m)	طقس سيّء
Brand (m)	ḥarīq (m)	حريق
Katastrophe (f)	kāriθa (f)	كارثة
Meteorit (m)	ḥaʒar nayzakiy (m)	حجر نيزكيّ
Lawine (f)	inhiyār θalʒiy (m)	إنهيار ثلجيّ
Schneelawine (f)	inhiyār θalʒiy (m)	إنهيار ثلجيّ
Schneegestöber (n)	'āṣifa θalʒiyya (f)	عاصفة ثلجيّة
Schneesturm (m)	'āṣifa θalʒiyya (f)	عاصفة ثلجيّة

Fauna

135. Säugetiere. Raubtiere

Raubtier (n)	ḥayawān muftaris (m)	حيوان مفترس
Tiger (m)	namir (m)	نمر
Löwe (m)	asad (m)	أسد
Wolf (m)	ði'b (m)	ذئب
Fuchs (m)	θa'lab (m)	ثعلب

Jaguar (m)	namir amrīkiy (m)	نمر أمريكيّ
Leopard (m)	fahd (m)	فهد
Gepard (m)	namir ṣayyād (m)	نمر صيّاد

Panther (m)	namir aswad (m)	نمر أسود
Puma (m)	būma (m)	بوما
Schneeleopard (m)	namir aθ θulūʒ (m)	نمر الثلوج
Luchs (m)	waʃaq (m)	وشق

Kojote (m)	qayūṭ (m)	قيوط
Schakal (m)	ibn 'āwa (m)	ابن آوى
Hyäne (f)	ḍabu' (m)	ضبع

136. Tiere in freier Wildbahn

| Tier (n) | ḥayawān (m) | حيوان |
| Bestie (f) | ḥayawān (m) | حيوان |

Eichhörnchen (n)	sinʒāb (m)	سنجاب
Igel (m)	qumfuð (m)	قنفذ
Hase (m)	arnab barriy (m)	أرنب برّيّ
Kaninchen (n)	arnab (m)	أرنب

Dachs (m)	ɣarīr (m)	غرير
Waschbär (m)	rākūn (m)	راكون
Hamster (m)	qidād (m)	قداد
Murmeltier (n)	marmuṭ (m)	مرموط

Maulwurf (m)	χuld (m)	خلد
Maus (f)	fa'r (m)	فأر
Ratte (f)	ʒurað (m)	جرذ
Fledermaus (f)	χuffāʃ (m)	خفّاش

Hermelin (n)	qāqum (m)	قاقم
Zobel (m)	sammūr (m)	سمّور
Marder (m)	dalaq (m)	دلق
Wiesel (n)	ibn 'irs (m)	إبن عرس
Nerz (m)	mink (m)	منك

Biber (m)	qundus (m)	قندس
Fischotter (m)	quḍā'a (f)	قضاعة
Pferd (n)	ḥiṣān (m)	حصان
Elch (m)	mūz (m)	موظ
Hirsch (m)	ayyil (m)	أيَل
Kamel (n)	ǧamal (m)	جمل
Bison (m)	bisūn (m)	بيسون
Wisent (m)	θawr barriy (m)	ثور بريّ
Büffel (m)	ǧāmūs (m)	جاموس
Zebra (n)	ḥimār zarad (m)	حمار زرد
Antilope (f)	ẓabiy (m)	ظبي
Reh (n)	yaḥmūr (m)	يحمور
Damhirsch (m)	ayyil asmar urubbiy (m)	أيَل أسمر أوروبيّ
Gämse (f)	šamwāh (f)	شاموه
Wildschwein (n)	xinzīr barriy (m)	خنزير بريّ
Wal (m)	ḥūt (m)	حوت
Seehund (m)	fuqma (f)	فقمة
Walroß (n)	fazz (m)	فظّ
Seebär (m)	fuqmat al firā' (f)	فقمة الفراء
Delfin (m)	dilfīn (m)	دلفين
Bär (m)	dubb (m)	دبّ
Eisbär (m)	dubb quṭbiy (m)	دبّ قطبيّ
Panda (m)	bānda (m)	باندا
Affe (m)	qird (m)	قرد
Schimpanse (m)	šimbanzi (m)	شيمبانزي
Orang-Utan (m)	urangutān (m)	أورنغوتان
Gorilla (m)	ɣurīlla (f)	غوريلا
Makak (m)	qird al makāk (m)	قرد المكاك
Gibbon (m)	ǧibbūn (m)	جبون
Elefant (m)	fīl (m)	فيل
Nashorn (n)	xartīt (m)	خرتيت
Giraffe (f)	zarāfa (f)	زرافة
Flusspferd (n)	faras an nahr (m)	فرس النهر
Känguru (n)	kanɣar (m)	كنغر
Koala (m)	kuala (m)	كوالا
Manguste (f)	nims (m)	نمس
Chinchilla (n)	šinšīla (f)	شنشيلة
Stinktier (n)	ẓaribān (m)	ظربان
Stachelschwein (n)	nīṣ (m)	نيص

137. Haustiere

Katze (f)	qiṭṭa (f)	قطّة
Kater (m)	ðakar al qiṭṭ (m)	ذكر القطّ
Hund (m)	kalb (m)	كلب

Pferd (n)	ḥiṣān (m)	حصان
Hengst (m)	faḥl al xayl (m)	فحل الخيل
Stute (f)	unθa al faras (f)	أنثى الفرس
Kuh (f)	baqara (f)	بقرة
Stier (m)	θawr (m)	ثور
Ochse (m)	θawr (m)	ثور
Schaf (n)	xarūf (f)	خروف
Widder (m)	kabʃ (m)	كبش
Ziege (f)	mā'iz (m)	ماعز
Ziegenbock (m)	ðakar al mā'ið (m)	ذكر الماعز
Esel (m)	ḥimār (m)	حمار
Maultier (n)	bayl (m)	بغل
Schwein (n)	xinzīr (m)	خنزير
Ferkel (n)	xannūṣ (m)	خنّوص
Kaninchen (n)	arnab (m)	أرنب
Huhn (n)	daʒāʒa (f)	دجاجة
Hahn (m)	dīk (m)	ديك
Ente (f)	baṭṭa (f)	بطّة
Enterich (m)	ðakar al baṭṭ (m)	ذكر البطّ
Gans (f)	iwazza (f)	إوزّة
Puter (m)	dīk rūmiy (m)	ديك رومي
Pute (f)	daʒāʒ rūmiy (m)	دجاج رومي
Haustiere (pl)	ḥayawānāt dawāʒin (pl)	حيوانات دواجن
zahm	alīf	أليف
zähmen (vt)	allaf	ألّف
züchten (vt)	rabba	ربّى
Farm (f)	mazra'a (f)	مزرعة
Geflügel (n)	ṭuyūr dāʒina (pl)	طيور داجنة
Vieh (n)	māʃiya (f)	ماشية
Herde (f)	qaṭī' (m)	قطيع
Pferdestall (m)	isṭabl xayl (m)	إسطبل خيل
Schweinestall (m)	ḥaẓīrat al xanāzīr (f)	حظيرة الخنازير
Kuhstall (m)	zirībat al baqar (f)	زريبة البقر
Kaninchenstall (m)	qunn al arānib (m)	قنّ الأرانب
Hühnerstall (m)	qunn ad daʒāʒ (m)	قن الدجاج

138. Vögel

Vogel (m)	ṭā'ir (m)	طائر
Taube (f)	ḥamāma (f)	حمامة
Spatz (m)	'uṣfūr (m)	عصفور
Meise (f)	qurquf (m)	قرقف
Elster (f)	'aq'aq (m)	عقعق
Rabe (m)	yurāb aswad (m)	غراب أسود

Krähe (f)	ɣurāb (m)	غراب
Dohle (f)	zāɣ (m)	زاغ
Saatkrähe (f)	ɣurāb al qayẓ (m)	غراب القيظ
Ente (f)	baṭṭa (f)	بطّة
Gans (f)	iwazza (f)	إوزّة
Fasan (m)	tadarruʒ (m)	تدرج
Adler (m)	nasr (m)	نسر
Habicht (m)	bāz (m)	باز
Falke (m)	ṣaqr (m)	صقر
Greif (m)	raχam (m)	رخم
Kondor (m)	kundūr (m)	كندور
Schwan (m)	timma (m)	تمّة
Kranich (m)	kurkiy (m)	كركي
Storch (m)	laqlaq (m)	لقلق
Papagei (m)	babaɣā' (m)	ببغاء
Kolibri (m)	ṭannān (m)	طنّان
Pfau (m)	ṭāwūs (m)	طاووس
Strauß (m)	na'āma (f)	نعامة
Reiher (m)	balaʃūn (m)	بلشون
Flamingo (m)	nuḥām wardiy (m)	نحام وردي
Pelikan (m)	baʒa'a (f)	بجعة
Nachtigall (f)	bulbul (m)	بلبل
Schwalbe (f)	sunūnū (m)	سنونو
Drossel (f)	sumna (m)	سمنة
Singdrossel (f)	summuna muɣarrida (m)	سمنة مغرّدة
Amsel (f)	ʃaḥrūr aswad (m)	شحرور أسود
Segler (m)	samāma (m)	سمامة
Lerche (f)	qubbara (f)	قبّرة
Wachtel (f)	sammān (m)	سمّان
Specht (m)	naqqār al χaʃab (m)	نقّار الخشب
Kuckuck (m)	waqwāq (m)	وقواق
Eule (f)	būma (f)	بومة
Uhu (m)	būm urāsiy (m)	بوم أوراسيّ
Auerhahn (m)	dīk il χalanʒ (m)	ديك الخلنج
Birkhahn (m)	ṭayhūʒ aswad (m)	طيهوج أسود
Rebhuhn (n)	ḥaʒal (m)	حجل
Star (m)	zurzūr (m)	زرزور
Kanarienvogel (m)	kanāriy (m)	كناريّ
Haselhuhn (n)	ṭayhūʒ il bunduq (m)	طيهوج البندق
Buchfink (m)	ʃurʃūr (m)	شرشور
Gimpel (m)	diɣnāʃ (m)	دغناش
Möwe (f)	nawras (m)	نورس
Albatros (m)	al qaṭras (m)	القطرس
Pinguin (m)	biṭrīq (m)	بطريق

139. Fische. Meerestiere

Brachse (f)	abramīs (m)	أبراميس
Karpfen (m)	ʃabbūṭ (m)	شبّوط
Barsch (m)	farχ (m)	فرخ
Wels (m)	qarmūṭ (m)	قرموط
Hecht (m)	samak al karāki (m)	سمك الكراكي
Lachs (m)	salmūn (m)	سلمون
Stör (m)	ḥaʃʃ (m)	حفش
Hering (m)	rinʒa (f)	رنجة
atlantische Lachs (m)	salmūn aṭlasiy (m)	سلمون أطلسيّ
Makrele (f)	usqumriy (m)	أسقمريّ
Scholle (f)	samak mufalṭaḥ (f)	سمك مفلطح
Zander (m)	samak sandar (m)	سمك سندر
Dorsch (m)	qudd (m)	قدّ
Tunfisch (m)	tūna (f)	تونة
Forelle (f)	salmūn muraqqaṭ (m)	سلمون مرقّط
Aal (m)	ḥankalīs (m)	حنكليس
Zitterrochen (m)	ra"ād (m)	رعّاد
Muräne (f)	murāy (m)	موراي
Piranha (m)	birāna (f)	بيرانا
Hai (m)	qirʃ (m)	قرش
Delfin (m)	dilfīn (m)	دلفين
Wal (m)	ḥūt (m)	حوت
Krabbe (f)	salṭaʿūn (m)	سلطعون
Meduse (f)	qindīl al baḥr (m)	قنديل البحر
Krake (f)	uχṭubūṭ (m)	أخطبوط
Seestern (m)	naʒmat al baḥr (f)	نجمة البحر
Seeigel (m)	qumfuð al baḥr (m)	قنفذ البحر
Seepferdchen (n)	ḥiṣān al baḥr (m)	فرس البحر
Auster (f)	maḥār (m)	محار
Garnele (f)	ʒambari (m)	جمبريّ
Hummer (m)	istakūza (f)	إستكوزا
Languste (f)	karkand ʃāik (m)	كركند شائك

140. Amphibien Reptilien

Schlange (f)	θuʿbān (m)	ثعبان
Gift-, giftig	sāmm	سامّ
Viper (f)	afʿa (f)	أفعى
Kobra (f)	kūbra (m)	كوبرا
Python (m)	biθūn (m)	بيثون
Boa (f)	buwā' (f)	بواء
Ringelnatter (f)	θuʿbān al ʿuʃb (m)	ثعبان العشب

Klapperschlange (f)	afʿa al ʒalʒala (f)	أفعى الجلجلة
Anakonda (f)	anakūnda (f)	أناكوندا
Eidechse (f)	siḥliyya (f)	سحليّة
Leguan (m)	iɣwāna (f)	إغوانة
Waran (m)	waral (m)	ورل
Salamander (m)	samandar (m)	سمندر
Chamäleon (n)	ḥirbāʾ (f)	حرباء
Skorpion (m)	ʿaqrab (m)	عقرب
Schildkröte (f)	sulaḥfāt (f)	سلحفاة
Frosch (m)	ḍifḍaʿ (m)	ضفدع
Kröte (f)	ḍifḍaʿ aṭ ṭīn (m)	ضفدع الطين
Krokodil (n)	timsāḥ (m)	تمساح

141. Insekten

Insekt (n)	ḥaʃara (f)	حشرة
Schmetterling (m)	farāʃa (f)	فراشة
Ameise (f)	namla (f)	نملة
Fliege (f)	ðubāba (f)	ذبابة
Mücke (f)	namūsa (f)	ناموسة
Käfer (m)	χunfusa (f)	خنفسة
Wespe (f)	dabbūr (m)	دبّور
Biene (f)	naḥla (f)	نحلة
Hummel (f)	naḥla ṭannāna (f)	نحلة طنّانة
Bremse (f)	naʿra (f)	نعرة
Spinne (f)	ʿankabūt (m)	عنكبوت
Spinnennetz (n)	nasīʒ ʿankabūt (m)	نسيج عنكبوت
Libelle (f)	yaʿsūb (m)	يعسوب
Grashüpfer (m)	ʒarād (m)	جراد
Schmetterling (m)	ʿitta (f)	عتّة
Schabe (f)	ṣurṣūr (m)	صرصور
Zecke (f)	qurāda (f)	قرادة
Floh (m)	burɣūθ (m)	برغوث
Kriebelmücke (f)	baʿūḍa (f)	بعوضة
Heuschrecke (f)	ʒarād (m)	جراد
Schnecke (f)	ḥalzūn (m)	حلزون
Heimchen (n)	ṣarrār al layl (m)	صرّار الليل
Leuchtkäfer (m)	yarāʿa muḍīʾa (f)	يراعة مضيئة
Marienkäfer (m)	daʿsūqa (f)	دعسوقة
Maikäfer (m)	χunfusa kabīra (f)	خنفسة كبيرة
Blutegel (m)	ʿalaqa (f)	علقة
Raupe (f)	yasrūʿ (m)	يسروع
Wurm (m)	dūda (f)	دودة
Larve (f)	yaraqa (f)	يرقة

Flora

142. Bäume

Baum (m)	ʃaӡara (f)	شجرة
Laub-	nafḍiyya	نفضيّة
Nadel-	ṣanawbariyya	صنوبريّة
immergrün	dā'imat al xuḍra	دائمة الخضرة
Apfelbaum (m)	ʃaӡarat tuffāḥ (f)	شجرة تفّاح
Birnbaum (m)	ʃaӡarat kummaθra (f)	شجرة كمّثرى
Kirschbaum (m)	ʃaӡarat karaz (f)	شجرة كرز
Pflaumenbaum (m)	ʃaӡarat barqūq (f)	شجرة برقوق
Birke (f)	batūla (f)	بتولا
Eiche (f)	ballūṭ (f)	بلّوط
Linde (f)	ʃaӡarat zayzafūn (f)	شجرة زيزفون
Espe (f)	ḥawr raӡrāӡ (m)	حور رجراج
Ahorn (m)	qayqab (f)	قيقب
Fichte (f)	ratinaӡ (f)	راتينج
Kiefer (f)	ṣanawbar (f)	صنوبر
Lärche (f)	arziyya (f)	أرزيّة
Tanne (f)	tannūb (f)	تنّوب
Zeder (f)	arz (f)	أرز
Pappel (f)	ḥawr (f)	حور
Vogelbeerbaum (m)	ɣubayrā' (f)	غبيراء
Weide (f)	ṣafṣāf (f)	صفصاف
Erle (f)	ӡār il mā' (m)	جار الماء
Buche (f)	zān (m)	زان
Ulme (f)	dardār (f)	دردار
Esche (f)	marān (f)	مران
Kastanie (f)	kastanā' (f)	كستناء
Magnolie (f)	maɣnūliya (f)	مغنوليا
Palme (f)	naxla (f)	نخلة
Zypresse (f)	sarw (f)	سرو
Mangrovenbaum (m)	ayka sāḥiliyya (f)	أيكة ساحليّة
Baobab (m)	bāubāb (f)	باوباب
Eukalyptus (m)	ukaliptus (f)	أوكاليبتوس
Mammutbaum (m)	siqūya (f)	سيكويا

143. Büsche

Strauch (m)	ʃuӡayra (f)	شجيرة
Gebüsch (n)	ʃuӡayrāt (pl)	شجيرات

Weinstock (m)	karma (f)	كَرمة
Weinberg (m)	karam (m)	كَرم
Himbeerstrauch (m)	tūt al ʿullayq al aḥmar (m)	توت العليق الأحمر
rote Johannisbeere (f)	kiʃmiʃ aḥmar (m)	كشمش أحمر
Stachelbeerstrauch (m)	ʿinab aθ θaʿlab (m)	عنب الثعلب
Akazie (f)	sanṭ (f)	سنط
Berberitze (f)	amīr barīs (m)	أمير باريس
Jasmin (m)	yāsmīn (m)	ياسمين
Wacholder (m)	ʿarʿar (m)	عرعر
Rosenstrauch (m)	ʃuӡayrat ward (f)	شجيرة ورد
Heckenrose (f)	ward ӡabaliy (m)	ورد جبليّ

144. Obst. Beeren

Frucht (f)	θamra (f)	ثمرة
Früchte (pl)	θamr (m)	ثمر
Apfel (m)	tuffāḥa (f)	تفّاحة
Birne (f)	kummaθra (f)	كمّثرى
Pflaume (f)	barqūq (m)	برقوق
Erdbeere (f)	farawla (f)	فراولة
Kirsche (f)	karaz (m)	كرز
Weintrauben (pl)	ʿinab (m)	عنب
Himbeere (f)	tūt al ʿullayq al aḥmar (m)	توت العليق الأحمر
schwarze Johannisbeere (f)	ʿinab aθ θaʿlab al aswad (m)	عنب الثعلب الأسود
rote Johannisbeere (f)	kiʃmiʃ aḥmar (m)	كشمش أحمر
Stachelbeere (f)	ʿinab aθ θaʿlab (m)	عنب الثعلب
Moosbeere (f)	tūt aḥmar barriy (m)	توت أحمر برّيّ
Apfelsine (f)	burtuqāl (m)	برتقال
Mandarine (f)	yūsufiy (m)	يوسفي
Ananas (f)	ananās (m)	أناناس
Banane (f)	mawz (m)	موز
Dattel (f)	tamr (m)	تمر
Zitrone (f)	laymūn (m)	ليمون
Aprikose (f)	miʃmiʃ (f)	مشمش
Pfirsich (m)	durrāq (m)	دراق
Kiwi (f)	kiwi (m)	كيوي
Grapefruit (f)	zinbāʿ (m)	زنباع
Beere (f)	ḥabba (f)	حبّة
Beeren (pl)	ḥabbāt (pl)	حبّات
Preiselbeere (f)	ʿinab aθ θawr (m)	عنب الثور
Walderdbeere (f)	farāwla barriyya (f)	فراولة برّيّة
Heidelbeere (f)	ʿinab al aḥrāӡ (m)	عنب الأحراج

145. Blumen. Pflanzen

Blume (f)	zahra (f)	زهرة
Blumenstrauß (m)	bāqat zuhūr (f)	باقة زهور
Rose (f)	warda (f)	وردة
Tulpe (f)	tulīb (f)	توليب
Nelke (f)	qurumful (m)	قرنفل
Gladiole (f)	dalbūθ (f)	دلبوث
Kornblume (f)	turunʃāh (m)	ترنشاه
Glockenblume (f)	ʒarīs (m)	جريس
Löwenzahn (m)	hindibā' (f)	هندباء
Kamille (f)	babunʒ (m)	بابونج
Aloe (f)	aluwwa (m)	ألوّة
Kaktus (m)	ṣabbār (m)	صبّار
Gummibaum (m)	tīn (m)	تين
Lilie (f)	sawsan (m)	سوسن
Geranie (f)	ibrat ar rā'i (f)	إبرة الراعي
Hyazinthe (f)	zanbaq (f)	زنبق
Mimose (f)	mimūza (f)	ميموزا
Narzisse (f)	narʒis (m)	نرجس
Kapuzinerkresse (f)	abu χanʒar (f)	أبو خنجر
Orchidee (f)	saḥlab (f)	سحلب
Pfingstrose (f)	fawniya (f)	فاوانيا
Veilchen (n)	banafsaʒ (f)	بنفسج
Stiefmütterchen (n)	banafsaʒ muθallaθ (m)	بنفسج مثلث
Vergissmeinnicht (n)	'āðān al fa'r (pl)	آذان الفأر
Gänseblümchen (n)	uqḥuwān (f)	أقحوان
Mohn (m)	χaʃχāʃ (f)	خشخاش
Hanf (m)	qinnab (m)	قنب
Minze (f)	na'nā' (m)	نعناع
Maiglöckchen (n)	sawsan al wādi (m)	سوسن الوادي
Schneeglöckchen (n)	zahrat al laban (f)	زهرة اللبن
Brennnessel (f)	qarrāṣ (m)	قرّاص
Sauerampfer (m)	ḥammāḍ (m)	حمّاض
Seerose (f)	nilūfar (m)	نيلوفر
Farn (m)	saraχs (m)	سرخس
Flechte (f)	uʃna (f)	أشنة
Gewächshaus (n)	daff'a (f)	دفيئة
Rasen (m)	'uʃb (m)	عشب
Blumenbeet (n)	ʒunaynat zuhūr (f)	جنينة زهور
Pflanze (f)	nabāt (m)	نبات
Gras (n)	'uʃb (m)	عشب
Grashalm (m)	'uʃba (f)	عشبة

Blatt (n)	waraqa (f)	ورقة
Blütenblatt (n)	waraqat az zahra (f)	ورقة الزهرة
Stiel (m)	sāq (f)	ساق
Knolle (f)	darnat nabāt (f)	درنة نبات
Jungpflanze (f)	nabta sayīra (f)	نبتة صغيرة
Dorn (m)	ʃawka (f)	شوكة
blühen (vi)	nawwar	نوّر
welken (vi)	ðabal	ذبل
Geruch (m)	rā'iha (f)	رائحة
abschneiden (vt)	qataʿ	قطع
pflücken (vt)	qataf	قطف

146. Getreide, Körner

Getreide (n)	hubūb (pl)	حبوب
Getreidepflanzen (pl)	mahāṣīl al hubūb (pl)	محاصيل الحبوب
Ähre (f)	sumbula (f)	سنبلة
Weizen (m)	qamh (m)	قمح
Roggen (m)	ʒāwdār (m)	جاودار
Hafer (m)	ʃūfān (m)	شوفان
Hirse (f)	duxn (m)	دخن
Gerste (f)	ʃaʿīr (m)	شعير
Mais (m)	ðura (f)	ذرة
Reis (m)	urz (m)	أرز
Buchweizen (m)	hinta sawdā' (f)	حنطة سوداء
Erbse (f)	bisilla (f)	بسلة
weiße Bohne (f)	faṣūliya (f)	فاصوليا
Sojabohne (f)	fūl aṣ ṣūya (m)	فول الصويا
Linse (f)	ʿadas (m)	عدس
Bohnen (pl)	fūl (m)	فول

LÄNDER. NATIONALITÄTEN

147. Westeuropa

Europa (n)	urūbba (f)	أُورُوبَّا
Europäische Union (f)	al ittiḥād al urubbiy (m)	الإتّحَاد الأُورُوبِّيّ
Österreich	an nimsa (f)	النمسا
Großbritannien	briṭāniya al 'uẓma (f)	بريطانيا العظمى
England	inʒiltirra (f)	إنجلترا
Belgien	balʒīka (f)	بلجيكا
Deutschland	almāniya (f)	ألمانيا
Niederlande (f)	hulanda (f)	هولندا
Holland (n)	hulanda (f)	هولندا
Griechenland	al yūnān (f)	اليونان
Dänemark	ad danimārk (f)	الدانمارك
Irland	irlanda (f)	أيرلندا
Island	'āyslanda (f)	آيسلندا
Spanien	isbāniya (f)	إسبانيا
Italien	iṭāliya (f)	إيطاليا
Zypern	qubruṣ (f)	قبرص
Malta	malṭa (f)	مالطا
Norwegen	an nirwīʒ (f)	النرويج
Portugal	al burtuɣāl (f)	البرتغال
Finnland	finlanda (f)	فنلندا
Frankreich	faransa (f)	فرنسا
Schweden	as suwayd (f)	السويد
Schweiz (f)	swīsra (f)	سويسرا
Schottland	iskutlanda (f)	اسكتلندا
Vatikan (m)	al vatikān (m)	الفاتيكان
Liechtenstein	liʃtinʃtāyn (m)	ليشتنشتاين
Luxemburg	luksimburɣ (f)	لوكسمبورغ
Monaco	munāku (f)	موناكو

148. Mittel- und Osteuropa

Albanien	albāniya (f)	ألبانيا
Bulgarien	bulɣāriya (f)	بلغاريا
Ungarn	al maʒar (f)	المجر
Lettland	lātviya (f)	لاتفيا
Litauen	litwāniya (f)	ليتوانيا
Polen	bulanda (f)	بولندا

Rumänien	rumāniya (f)	رومانيا
Serbien	ṣirbiya (f)	صربيا
Slowakei (f)	sluvākiya (f)	سلوفاكيا
Kroatien	kruātiya (f)	كرواتيا
Tschechien	atʃtʃīk (f)	التشيك
Estland	istūniya (f)	إستونيا
Bosnien und Herzegowina	al busna wal hirsuk (f)	البوسنة والهرسك
Makedonien	maqdūniya (f)	مقدونيا
Slowenien	sluvīniya (f)	سلوفينيا
Montenegro	al ʒabal al aswad (m)	الجبل الأسود

149. Frühere UdSSR Republiken

Aserbaidschan	aðarbiʒān (m)	أذربيجان
Armenien	armīniya (f)	أرمينيا
Weißrussland	bilarūs (f)	بيلاروس
Georgien	ʒūrʒiya (f)	جورجيا
Kasachstan	kazaχstān (f)	كازاخستان
Kirgisien	qirɣizistān (f)	قيرغيزستان
Moldawien	muldāviya (f)	مولدافيا
Russland	rūsiya (f)	روسيا
Ukraine (f)	ukrāniya (f)	أوكرانيا
Tadschikistan	ṭaʒīkistān (f)	طاجيكستان
Turkmenistan	turkmānistān (f)	تركمانستان
Usbekistan	uzbikistān (f)	أوزيكستان

150. Asien

Asien	'āsiya (f)	آسيا
Vietnam	vitnām (f)	فيتنام
Indien	al hind (f)	الهند
Israel	isrāʔīl (f)	إسرائيل
China	aṣ ṣīn (f)	الصين
Libanon (m)	lubnān (f)	لبنان
Mongolei (f)	manɣūliya (f)	منغوليا
Malaysia	malīziya (f)	ماليزيا
Pakistan	bakistān (f)	باكستان
Saudi-Arabien	as saʕūdiyya (f)	السعوديّة
Thailand	taylānd (f)	تايلاند
Taiwan	taywān (f)	تايوان
Türkei (f)	turkiya (f)	تركيا
Japan	al yabān (f)	اليابان
Afghanistan	afɣānistān (f)	أفغانستان
Bangladesch	banʒladīʃ (f)	بنجلاديش

| Indonesien | indunīsiya (f) | إندونيسيا |
| Jordanien | al urdun (m) | الأردن |

Irak	al 'irāq (m)	العراق
Iran	'īrān (f)	إيران
Kambodscha	kambūdya (f)	كمبوديا
Kuwait	al kuwayt (f)	الكويت

Laos	lawus (f)	لاوس
Myanmar	myanmār (f)	ميانمار
Nepal	nibāl (f)	نيبال
Vereinigten Arabischen Emirate	al imārāt al 'arabiyya al muttaḥida (pl)	الإمارات العربيّة المتّحدة

| Syrien | sūriya (f) | سوريا |
| Palästina | filisṭīn (f) | فلسطين |

| Südkorea | kuriya al ʒanūbiyya (f) | كوريا الجنوبيّة |
| Nordkorea | kūria aʃ ʃimāliyya (f) | كوريا الشماليّة |

151. Nordamerika

Die Vereinigten Staaten	al wilāyāt al muttaḥida al amrīkiyya (pl)	الولايات المتّحدة الأمريكيّة
Kanada	kanada (f)	كندا
Mexiko	al maksīk (f)	المكسيك

152. Mittel- und Südamerika

Argentinien	arʒantīn (f)	الأرجنتين
Brasilien	al brazīl (f)	البرازيل
Kolumbien	kulumbiya (f)	كولومبيا

| Kuba | kūba (f) | كوبا |
| Chile | tʃīli (f) | تشيلي |

| Bolivien | bulīviya (f) | بوليفيا |
| Venezuela | vinizwiyla (f) | فنزويلا |

| Paraguay | baraɣwāy (f) | باراغواي |
| Peru | biru (f) | بيرو |

Suriname	surinām (f)	سورينام
Uruguay	uruɣwāy (f)	الأوروغواي
Ecuador	al iqwadūr (f)	الإكوادور

| Die Bahamas | ʒuzur bahāmas (pl) | جزر باهاماس |
| Haiti | haīti (f) | هايتي |

Dominikanische Republik	ʒumhūriyyat ad duminikan (f)	جمهوريّة الدومينيكان
Panama	banama (f)	بنما
Jamaika	ʒamāyka (f)	جامايكا

153. Afrika

Ägypten	miṣr (f)	مصر
Marokko	al maɣrib (m)	المغرب
Tunesien	tūnis (f)	تونس
Ghana	ɣāna (f)	غانا
Sansibar	zanʒibār (f)	زنجبار
Kenia	kiniya (f)	كينيا
Libyen	lībiya (f)	ليبيا
Madagaskar	madaɣaʃqar (f)	مدغشقر
Namibia	namībiya (f)	ناميبيا
Senegal	as siniɣāl (f)	السنغال
Tansania	tanzāniya (f)	تنزانيا
Republik Südafrika	ʒumhūriyyat afrīqiya al ʒanūbiyya (f)	جمهريَة أفريقيا الجنوبيّة

154. Australien. Ozeanien

Australien	usturāliya (f)	أستراليا
Neuseeland	nyu zilanda (f)	نيوزيلندا
Tasmanien	tasmāniya (f)	تاسمانيا
Französisch-Polynesien	bulinīziya al faransiyya (f)	بولينزيا الفرنسيَة

155. Städte

Amsterdam	amstirdām (f)	أمستردام
Ankara	anqara (f)	أنقرة
Athen	aθīna (f)	أئينا
Bagdad	baɣdād (f)	بغداد
Bangkok	bankūk (f)	بانكوك
Barcelona	barʃalūna (f)	برشلونة
Beirut	bayrūt (f)	بيروت
Berlin	birlīn (f)	برلين
Bombay	bumbāy (f)	بومباى
Bonn	būn (f)	بون
Bordeaux	burdu (f)	بوردو
Bratislava	bratislāva (f)	براتيسلافا
Brüssel	brūksil (f)	بروكسل
Budapest	budabist (f)	بودابست
Bukarest	buxarist (f)	بوخارست
Chicago	ʃikāɣu (f)	شيكاغو
Daressalam	dar as salām (f)	دار السلام
Delhi	dilhi (f)	دلهي
Den Haag	lahāy (f)	لاهاى
Dubai	dibay (f)	دبي

| Dublin | dablin (f) | دبلن |
| Düsseldorf | dusildurf (f) | دوسلدورف |

Florenz	flurinsa (f)	فلورنسا
Frankfurt	frankfurt (f)	فرانكفورت
Genf	ʒinīv (f)	جنيف

Hamburg	hamburɣ (m)	هامبورغ
Hanoi	hanuy (f)	هانوى
Havanna	havāna (f)	هافانا
Helsinki	hilsinki (f)	هلسنكي
Hiroshima	hiruʃīma (f)	هيروشيما
Hongkong	hunɣ kunɣ (f)	هونغ كونغ
Istanbul	istanbūl (f)	إسطنبول
Jerusalem	al quds (f)	القدس

Kairo	al qāhira (f)	القاهرة
Kalkutta	kalkutta (f)	كلكتا
Kiew	kiyiv (f)	كييف
Kopenhagen	kubinhāʒin (f)	كوبنهاجن
Kuala Lumpur	kuala lumpur (f)	كوالالمبور

Lissabon	liʃbūna (f)	لشبونة
London	lundun (f)	لندن
Los Angeles	lus anʒilis (f)	لوس أنجلوس
Lyon	liyūn (f)	ليون

Madrid	madrīd (f)	مدريد
Marseille	marsīliya (f)	مرسيليا
Mexiko-Stadt	madīnat maksiku (f)	مدينة مكسيكو
Miami	mayāmi (f)	ميامي
Montreal	muntriyāl (f)	مونتريال
Moskau	musku (f)	موسكو
München	myūnix (f)	ميونخ

Nairobi	nayrūbi (f)	نيروبي
Neapel	nabuli (f)	نابولي
New York	nyu yūrk (f)	نيويورك
Nizza	nīs (f)	نيس
Oslo	uslu (f)	أوسلو
Ottawa	uttawa (f)	أوتاوا

Paris	barīs (f)	باريس
Peking	bikīn (f)	بيكين
Prag	brāɣ (f)	براغ
Rio de Janeiro	riu di ʒaniyru (f)	ريو دي جانيرو
Rom	rūma (f)	روما

Sankt Petersburg	sant bitirsburɣ (f)	سانت بطرسبرغ
Schanghai	ʃanɣhāy (f)	شانغهاي
Seoul	siūl (f)	سيول
Singapur	sinɣafūra (f)	سنغافورة
Stockholm	stukhūlm (f)	ستوكهولم
Sydney	sidniy (f)	سيدني
Taipeh	taybay (f)	تايبيه
Tokio	tukyu (f)	طوكيو

Toronto	turūntu (f)	تورونتو
Venedig	al bunduqiyya (f)	البندقيّة
Warschau	warsaw (f)	وارسو
Washington	wāʃinṭun (f)	واشنطن
Wien	vyīna (f)	فيينا

www.ingramcontent.com/pod-product-compliance
Lightning Source LLC
Chambersburg PA
CBHW070605050426
42450CB00011B/2994